מַרְגָלִית וְנַחוּם טַרְנוֹר

עִבְרִית חֲדָשָׁה לְתוֹדַעַת תְּפִלָּה

2

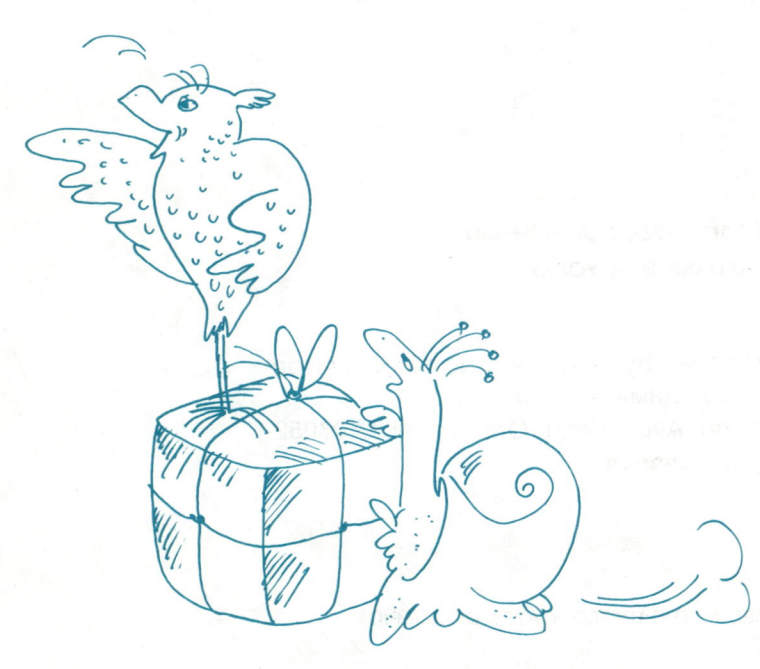

לֶאֱלִישָׁע שָׁלוֹם
"בֵּן טוֹב יְשַׂמַּח לֵבָב"

Project Editor: PRISCILLA FISHMAN
Graphics: HADASS BAR YOSEF

© Copyright 1981 by PEARL and NORMAN TARNOR
Published by BEHRMAN HOUSE, INC.
235 Watchung Ave., West Orange, N.J. 07052
ISBN: 0–87441–330–3

MANUFACTURED IN THE UNITED STATES OF AMERICA

שִׁעוּר רִאשׁוֹן

Lesson One

חֲגִיגַת הַסִדוּר (א)

הַמוֹרֶה וְהַתַּלְמִידִים בַּכִּתָּה.
בַּכִּתָּה יֵשׁ חֲגִיגָה, חֲגִיגַת הַסִדוּר.
הַמוֹרֶה אוֹמֵר: יְלָדִים, הַיוֹם אֲנִי נוֹתֵן סִדוּר חָדָשׁ לְכָל תַּלְמִיד.
הַמוֹרֶה נוֹתֵן סִדוּר חָדָשׁ לְכָל תַּלְמִיד.
הַתַּלְמִידִים אוֹמְרִים: תּוֹדָה, מוֹרֶה, תּוֹדָה.
הַמוֹרֶה אוֹמֵר: עַכְשָׁו, יְלָדִים, אֲנַחְנוּ אוֹמְרִים ״שֶׁהֶחֱיָנוּ״.

בָּרוּךְ אַתָּה ה׳, אֱלֹהֵינוּ מֶלֶךְ הָעוֹלָם,
שֶׁהֶחֱיָנוּ וְקִיְּמָנוּ וְהִגִּיעָנוּ לַזְּמַן הַזֶּה.

הַתַּלְמִידִים אוֹמְרִים: **אָמֵן.**

מִלּוֹן *Words to Know*

אוֹמְרִים	say (m.pl.)	נוֹתֵן	give(s) (m.s.)
אָמֵן	Amen	סִדּוּר	prayerbook
חֲגִיגָה, חֲגִיגַת	party	עַכְשָׁו	now
חָדָשׁ	new	שֶׁהֶחֱיָנוּ	who has kept us alive
לְכָל	to each		

For a Celebration

Write the Hebrew word that means the same as the English, putting one letter in each box.
Every letter that has a circle around it is part of the puzzle. Write those circled letters in the boxes inside the party-cake, to learn what we say at special events.

now			○		
today					○
party					○
children		○			
I				○	
we	○				

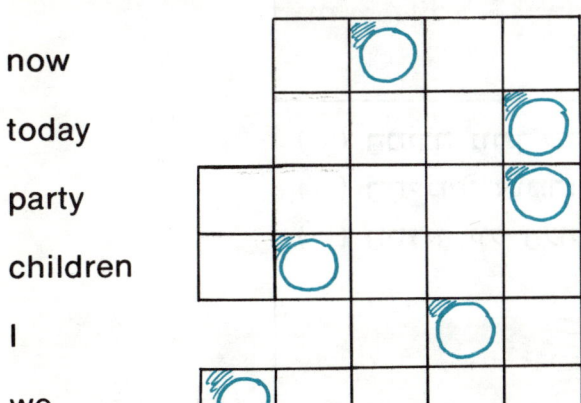

There are three sentences next to each picture. Two of the sentences describe the picture and one does not. Place an X next to the one that does not.

( ) כָּל תַּלְמִיד בַּבַּיִת.

( ) הַתַּלְמִידִים בַּכִּתָּה.

( ) בַּכִּתָּה יֵשׁ חֲגִיגָה.

( ) אַבָּא אוֹהֵב אֶת הַיֶּלֶד.

( ) אַבָּא נוֹתֵן סֵפֶר לַיֶּלֶד.

( ) הַמּוֹרֶה אוֹמֵר: שָׁלוֹם.

( ) זֶה בַּיִת יָפֶה.

( ) הַיּוֹם הַמּוֹרֶה בַּבַּיִת.

( ) זֶה בַּיִת חָדָשׁ.

( ) הַמּוֹרֶה נוֹתֵן סדור לַתַּלְמִיד.

( ) הַתַּלְמִיד אוֹמֵר: תּוֹדָה.

( ) הסדור עַל הַשֻּׁלְחָן.

There are 15 Hebrew words hidden in this puzzle. Read across and down to find them. Circle each one and write it next to its English meaning. Follow the example.

ה	ת	כ	ה	ו	א	ת	ת
ר	ה	ב	ו	ט	נ	ל	ו
ו	נ	ח	נ	א	י	מ	ד
ה	ת	א	ל	כ	ע	י	ה
ן	ת	ו	נ	ס	כ	ד	ח
ה	ג	י	ג	ח	ש	י	ד
ד	ה	ר	ו	מ	ו	ם	ש
ה	מ	ם	י	ר	מ	ו	א

________ 1 teacher

________ 2 we

________ 3 party

________ 4 new

________ 5 students

________ 6 say (m.pl.)

________ 7 I

________ 8 thank you

________ 9 he gives

________ 10 you (m.s.)

________ 11 now

________ 12 the classroom

________ 13 every

________ 14 good (f.s.)

________ 15 what

If you're an outstanding detective, you'll find four letters that have not been circled. Rearrange them so that they spell a word that means a certain kind of book.

____ ____ ____ ____

Let's Talk

Complete each sentence with the correct form of the verb as shown in the picture examples.

אֲנִי ___אוֹמֵר___ : שָׁלוֹם. אֲנִי ___אוֹמֶרֶת___ : שָׁלוֹם. אֲנַחְנוּ ___אוֹמְרִים___ : שָׁלוֹם.

1. הַתַּלְמִידָה _____ : הַסִּדּוּר יָפֶה.
2. הַתַּלְמִידִים _____ : אָמֵן.
3. הַמּוֹרֶה _____ : בְּבַקָּשָׁה לִקְרֹא.
4. מָה אַתָּה _____ ?
5. הַיַּלְדָּה _____ : אֲנִי בַּכִּתָּה.
6. אֲנַחְנוּ _____ : תּוֹדָה.
7. הַמּוֹרֶה וְהַתַּלְמִידִים _____ : שֶׁהֶחֱיָנוּ.
8. הַמּוֹרֶה _____ אֶל אַבְרָהָם: הִנֵּה סִדּוּר.
9. הַאִם אַתְּ _____ "שָׁלוֹם" עַכְשָׁו?
10. הוּא _____ : בַּכִּתָּה יֵשׁ חֲגִיגַת הַסִּדּוּר הַיּוֹם.

לְחַיִּים! *To Life!*

One of the key words in the שֶׁהֶחֱיָנוּ *blessing is* חַי*. It means "**life**." It is part of the word* שֶׁהֶחֱיָנוּ*.*
Circle חַי *every time you see it as a word or part of a word in the following phrases.*

1 שֶׁהֶחֱיָנוּ וְקִיְּמָנוּ וְהִגִּיעָנוּ לַזְּמַן הַזֶּה
2 מֶלֶךְ חַי וְקַיָּם
3 לְחַיִּים!
4 עֵץ חַיִּים הִיא
5 לְחַיִּים טוֹבִים וּלְשָׁלוֹם
6 סֵפֶר הַחַיִּים
7 זָכְרֵנוּ לְחַיִּים
8 מֶלֶךְ חָפֵץ בַּחַיִּים
9 כָּתְבֵנוּ בְּסֵפֶר הַחַיִּים
10 דָּוִד מֶלֶךְ יִשְׂרָאֵל חַי וְקַיָּם

There's a lot of life — חַי — in Hebrew!

Did you know that ...
The following three words end in נוּ?

kept us alive (and well)	שֶׁהֶחֱיָנוּ
sustained us	וְקִיְּמָנוּ
enabled us to observe	וְהִגִּיעָנוּ

If you didn't — now you do!

The נוּ is a suffix that means *us* in these three words. The suffix נוּ also means *we* in the word אֲנַחְנוּ.

Special Events

When should you recite the שֶׁהֶחֱיָנוּ?

Put a check next to each of the events when you should recite the שֶׁהֶחֱיָנוּ.

1 ___ You are beginning to study the Siddur.
2 ___ You are visiting Israel for the first time.
3 ___ You are about to eat a fruit you haven't eaten since last year.
4 ___ Your brother/sister becomes Bar Mitzvah/Bat Mitzvah.
5 ___ You get a new bicycle.
6 ___ Your teacher gives you a lot of homework.
7 ___ You attend your grandparents' Golden Anniversary celebration.
8 ___ Your big brother/sister is going away to camp for the summer and you get to have the bedroom all to yourself.

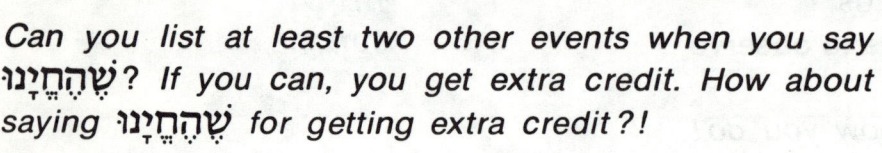

Can you list at least two other events when you say שֶׁהֶחֱיָנוּ? If you can, you get extra credit. How about saying שֶׁהֶחֱיָנוּ for getting extra credit?!

9 _____
10 _____

12

מָה חָסֵר? What's Missing?

Find the word in the Word Box that best completes each sentence. Write it in the blank space. There are eight words but only five sentences. Watch out!

אוֹמֵר · נוֹתֵן · חֲגִיגָה · חָדָשׁ · עַכְשָׁו · אֲנִי · אֲנַחְנוּ · אָמֵן

1 הַסִּדּוּר סֵפֶר __________.

2 הַתַּלְמִידִים בַּכִּתָּה __________.

3 הַמּוֹרֶה __________ סִדּוּר לְדָוִד.

4 כָּל תַּלְמִיד __________ שֶׁהֶחֱיָנוּ.

5 הַיְלָדִים אוֹמְרִים: __________.

כְּתֹב בְּעִבְרִית Write in Hebrew

1 The teacher gives a Siddur to Ruth.

2 The student says: Thank you.

3 The children say: Hello.

4 She says: Amen.

5 Here is a new Siddur.

שִׁעוּר שֵׁנִי

Lesson Two

חֲגִיגַת הַסִּדּוּר (ב)

הַמּוֹרֶה נוֹתֵן עוּגָה שֶׁל דְּבַשׁ לְכָל תַּלְמִיד.
הַתַּלְמִידִים אוֹמְרִים: תּוֹדָה, מוֹרֶה, תּוֹדָה.
הַמּוֹרֶה אוֹמֵר: עַכְשָׁו, יְלָדִים, אֲנַחְנוּ אוֹמְרִים אֶת הַבְּרָכָה עַל הָעוּגָה.
הַתַּלְמִידִים אוֹמְרִים אֶת הַבְּרָכָה:
בָּרוּךְ אַתָּה ה', אֱלֹהֵינוּ מֶלֶךְ הָעוֹלָם בּוֹרֵא מִינֵי מְזוֹנוֹת.
הַיְלָדִים אוֹכְלִים אֶת הָעוּגָה.

כַּאֲשֶׁר הֵם אוֹכְלִים, רְאוּבֵן אוֹמֵר: מוֹרֶה, הָעוּגָה טוֹבָה.

בִּנְיָמִין אוֹמֵר: אֲנִי אוֹהֵב אֶת הָעוּגָה הַזֹּאת.

לֵאָה אוֹמֶרֶת: אֲנִי אוֹהֶבֶת אֶת הַדְּבַשׁ בָּעוּגָה. הַדְּבַשׁ מָתוֹק.

דָּוִד אוֹמֵר: מוֹרֶה, לָמָּה אֲנַחְנוּ אוֹכְלִים עוּגָה שֶׁל דְּבַשׁ בַּזְּמַן הַזֶּה בַּחֲגִיגַת הַסִּדּוּר?

שָׂרָה אוֹמֶרֶת: מוֹרֶה, לָמָּה אַתָּה נוֹתֵן עוּגָה שֶׁל דְּבַשׁ לְכָל תַּלְמִיד?

הַמּוֹרֶה אוֹמֵר: הַדְּבַשׁ מָתוֹק, וַאֲנִי רוֹצֶה שֶׁלִּמּוּד הַסִּדּוּר יִהְיֶה מָתוֹק כְּמוֹ הַדְּבַשׁ.

כָּל הַתַּלְמִידִים אוֹמְרִים: **אָמֵן!!**

מִלּוֹן Words to Know

אוֹכְלִים	eat (m.pl.) (are) eating
בְּרָכָה	blessing
דְּבַשׁ	honey
זְמַן	time
יִהְיֶה	it, he, will be
כַּאֲשֶׁר	when
כְּמוֹ	like, as
לָמָּה	why
לִמּוּד	study
מָתוֹק	sweet

חַפֵּשׂ אֶת הַמִּלָּה Hunt the Word

Circle the Hebrew word that means the same as the English word on the right.

1 שָׂרָה אוֹהֶבֶת דְּבַשׁ.	honey
2 מִי יוֹדֵעַ אֶת הַבְּרָכָה?	blessing
3 לָמָּה אַתָּה אוֹכֵל עוּגָה עַכְשָׁו?	why
4 הַאִם אַתָּה לוֹמֵד כַּאֲשֶׁר אַתָּה בַּכִּתָּה?	when
5 לֵאָה אוֹמֶרֶת: הַסִּדּוּר שֶׁלִּי כְּמוֹ הַסִּדּוּר שֶׁלָּךְ.	like
6 אַבְרָהָם אוֹכֵל עוּגָה.	cake
7 עַל הַשֻּׁלְחָן יֵשׁ עִפָּרוֹן חָדָשׁ.	new
8 הַמּוֹרֶה נוֹתֵן מַחְבֶּרֶת לַתַּלְמִיד.	gives

מַה חָסֵר? *What's Missing?*

Find the word in the Word Box that best completes each sentence. Write it in the blank space.

1 הַאִם ______ אוֹכֵל הַיּוֹם?

2 בַּכִּתָּה יֵשׁ שֻׁלְחָן ______.

3 הַלֶּחֶם מָתוֹק ______ דְּבַשׁ.

4 הַמּוֹרָה אוֹמֶרֶת: "יְלָדִים, עַכְשָׁו ______ לָלֶכֶת הַבַּיְתָה."

5 הַיְלָדִים אוֹמְרִים בְּרָכָה ______ הָעוּגָה.

6 סַבָּא ______ סֵפֶר לַיְלָדִים.

7 ______ אַתְּ רוֹצָה חָלָב?

8 אֲנִי אוֹהֵב חֲגִיגָה. ______ הוּא אוֹהֵב חֲגִיגָה.

Word Box:
אוֹמֵר
גַּם
כַּאֲשֶׁר
חָדָשׁ
עַל
אַתָּה
זְמַן
לָמָּה
כְּמוֹ
נוֹתֵן

Copy the words you have written into the corresponding numbered spaces in the puzzle. If the words are in their proper spaces you will discover the name of a prayer often sung in the synagogue.

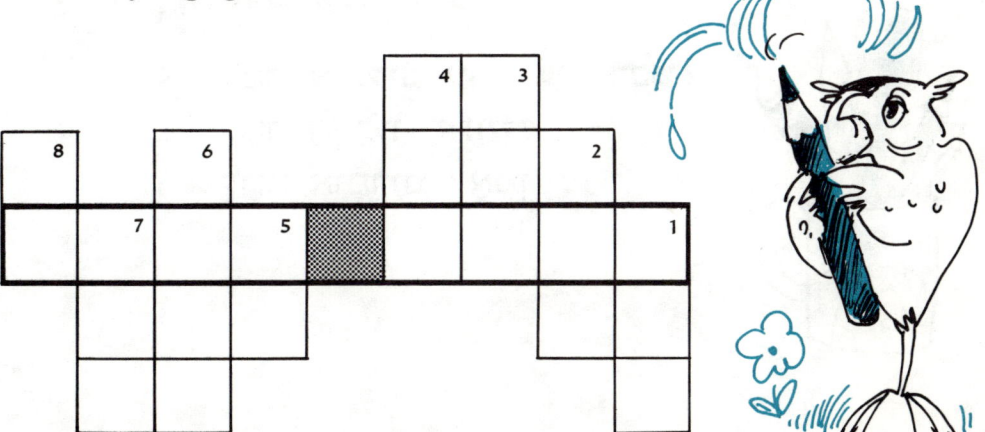

מַה הַסּוֹף? *What's the End?*

Put a check next to the phrase that best completes each sentence according to the story.

1 יֵשׁ חֲגִיגָה ...

א בַּסֵּפֶר.

ב בַּכִּתָּה.

ג בַּבַּיִת.

2 כָּל תַּלְמִיד ...

א אוֹמֵר: שָׁלוֹם.

ב נוֹתֵן סִדּוּר לַמּוֹרֶה.

ג אוֹמֵר: שֶׁהֶחֱיָנוּ.

3 כַּאֲשֶׁר הַיְלָדִים אוֹכְלִים ...

א הַמּוֹרֶה אוֹמֵר: תּוֹדָה.

ב רְאוּבֵן אוֹמֵר: הָעוּגָה טוֹבָה.

ג לֵאָה אוֹמֶרֶת: הַמּוֹרֶה טוֹב.

4 דָּוִד אוֹמֵר: ...

א לָמָה אוֹכְלִים עוּגָה שֶׁל דְּבַשׁ?

ב לָמָה הַדְּבַשׁ מָתוֹק?

ג לָמָה אוֹמְרִים "אָמֵן"?

A Secret Wish

Write the Hebrew for the English words. Write one letter in each blank space. Leave out the vowels.
Now write every letter that has a number under it in the corresponding space at the bottom of the page.
Can you figure out what the teacher wants for the children?

_ _ _ _ _ we
    8

    _ _ _ new
      9

    _ _ _ book
       10

_ _ _ _ _ _ say (pl.)
 11

    _ _ _ house
    12

    _ _ _ morning
     13

_ _ _ _ blessing
 1

_ _ _ why
  2

_ _ _ _ (he) gives
   3

_ _ _ _ when
 4

_ _ _ _ (he) wants
  5

_ _ _ honey
 6

_ _ _ _ _ children
   7

_ _ _ _ _
9 8 2 7 6

_ _ _ _
1 5 3 4

_ _ _ _ _
1 4 3 2 1

_ _ _ _
13 3 12 2

_ _ _ _ _
1 11 1 11

_ _ _ _ _
4 8 9 10 1

Can you translate the secret wish? _____

_____

19

כֵּן אוֹ לֹא — True or False

Read each Hebrew sentence. If it describes the picture correctly, write the first letter of that sentence in the כֵּן column. If it does not describe the picture, write the first letter of the sentence in the לֹא column. When you have finished, you'll be able to read a secret sentence. Read each column from top to bottom.

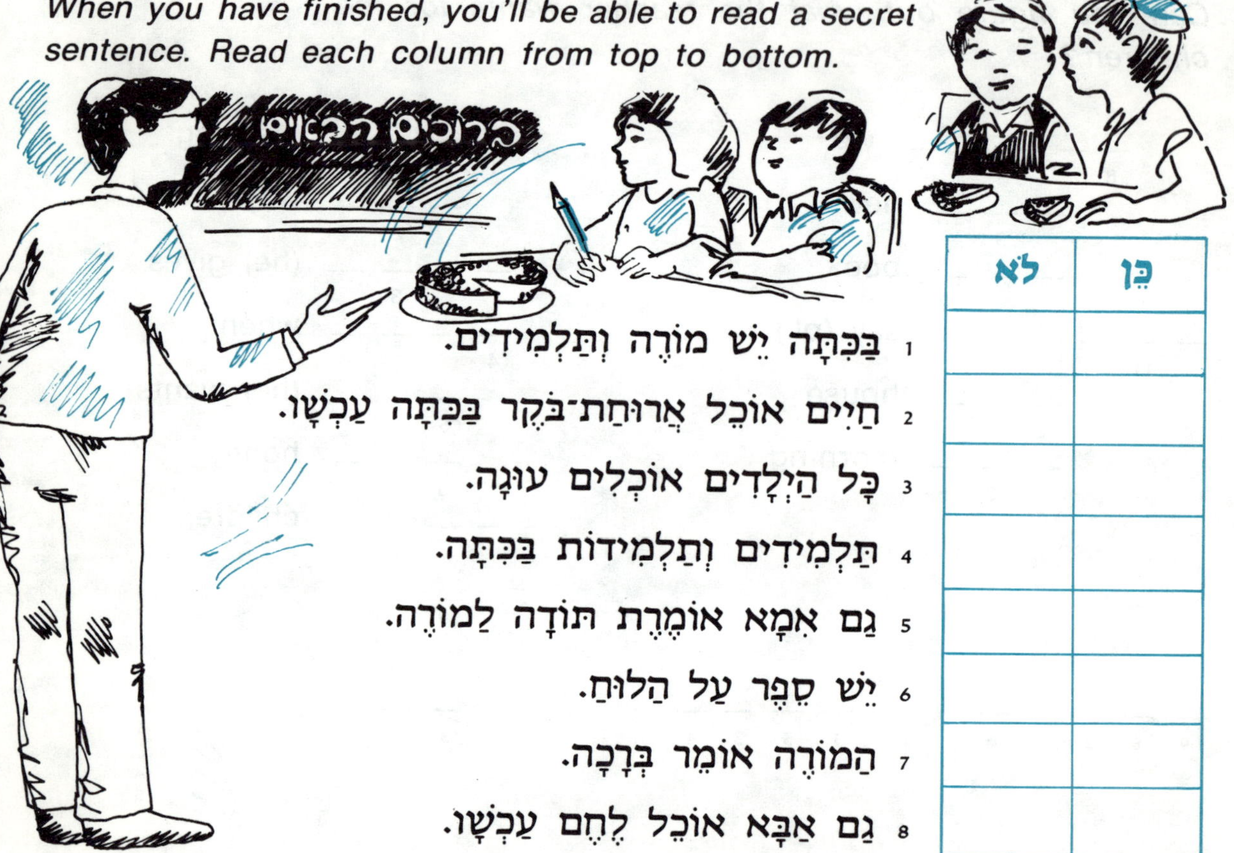

1. בַּכִּתָּה יֵשׁ מוֹרֶה וְתַלְמִידִים.
2. חַיִּים אוֹכֵל אֲרוּחַת־בֹּקֶר בַּכִּתָּה עַכְשָׁו.
3. כָּל הַיְלָדִים אוֹכְלִים עוּגָה.
4. תַּלְמִידִים וְתַלְמִידוֹת בַּכִּתָּה.
5. גַּם אִמָּא אוֹמֶרֶת תּוֹדָה לַמּוֹרֶה.
6. יֵשׁ סֵפֶר עַל הַלּוּחַ.
7. הַמּוֹרֶה אוֹמֵר בְּרָכָה.
8. גַּם אַבָּא אוֹכֵל לֶחֶם עַכְשָׁו.
9. יֵשׁ חֲגִיגַת הַסִּדּוּר בַּכִּתָּה.
10. שֻׁלְחָן וְלוּחַ בַּכִּתָּה.
11. הַיְלָדִים הוֹלְכִים הַבַּיְתָה עַכְשָׁו.

כֵּן	לֹא

Write the secret sentence here.

_____

Attached Words

Each of the two Hebrew words are **almost** alike, but there is an important difference between them. Can you find it?
Write a check next to the Hebrew word that means the same as the English. Follow the example.

מוֹרָה ___	הַמוֹרָה ___ ✓	1	the teacher
הַבַּיִת ___	בַּיִת ___	2	the house
הַסִדוּר ___	סִדוּר ___	3	a prayerbook
תַלְמִידִים ___	הַתַלְמִידִים ___	4	the students
בְּרָכָה ___	הַבְּרָכָה ___	5	a blessing
הַשֻׁלְחָן ___	שֻׁלְחָן ___	6	a table

Add the definite article הַ, when needed, to the following Hebrew words, so that the Hebrew will mean the same as the English. Follow the example.

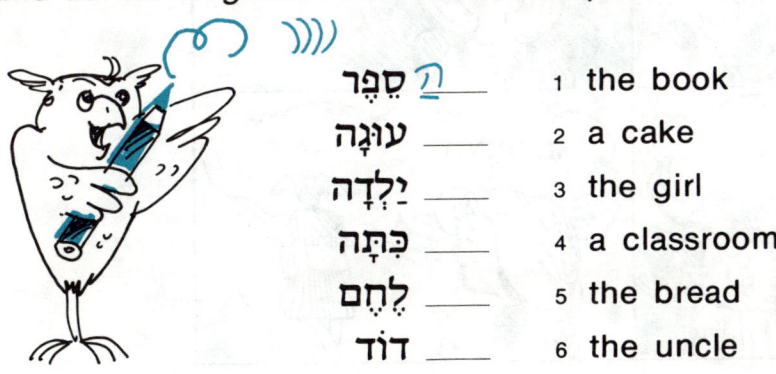

סֵפֶר הַ	1	the book
עוּגָה ___	2	a cake
יַלְדָה ___	3	the girl
כִּתָה ___	4	a classroom
לֶחֶם ___	5	the bread
דוֹד ___	6	the uncle

21

מִי וָמִי? Who's Who?

Write the correct pronoun in each of the balloons. Follow the example.

אֲנִי	אַתָּה	אַתְּ
הוּא	הִיא	אֲנַחְנוּ

מַה מַּתְאִים? *What Fits?*

Circle the pronoun that best completes each sentence.

1 רָחֵל אוֹמֶרֶת: (אֲנִי · אַתָּה) רוֹצָה עוּגָה.

2 הַמּוֹרֶה אוֹמֵר: לֵאָה, הַאִם (אַתְּ · אַתָּה) לוֹמֶדֶת עַכְשָׁו?

3 דָּוִד אוֹמֵר: (אֲנִי · אֲנַחְנוּ) רוֹצֶה סִדּוּר חָדָשׁ.

4 אַבְרָהָם לֹא בַּבַּיִת. אֵיפֹה (הוּא · הִיא)?

5 שָׂרָה לֹא בַּכִּתָּה. (הוּא · הִיא) בַּבַּיִת.

6 הַתַּלְמִידִים אוֹמְרִים: (אֲנִי · אֲנַחְנוּ) בַּכִּתָּה.

7 אִמָּא אוֹמֶרֶת אֶל יִצְחָק: מָה (אַתְּ · אַתָּה) אוֹכֵל?

8 מֹשֶׁה וְיוֹסֵף אוֹמְרִים: (אֲנִי · אֲנַחְנוּ) אוֹכְלִים עוּגָה טוֹבָה.

כְּתֹב בְּעִבְרִית *Write in Hebrew*

1 The cake is good.
2 The bread is sweet.
3 Every student likes honey.
4 The children are eating in the classroom.
5 He says a blessing.
6 We are in the house now.

שִׁעוּר שְׁלִישִׁי

Lesson Three

מַה יֵּשׁ בַּסִּדּוּר?

שָׂרָה: שָׁלוֹם אִמָּא, שָׁלוֹם יוֹסִי.
הַיּוֹם הַמּוֹרֶה נָתַן לִי סִדּוּר.

יוֹסִי: זֶה סֵפֶר גָּדוֹל!
אֲנִי רוֹצֶה לִרְאוֹת אֶת הַתְּמוּנוֹת.

אִמָּא: אֵין תְּמוּנוֹת בַּסִּדּוּר, יוֹסִי.

יוֹסִי: אִם אֵין תְּמוּנוֹת, מַה יֵּשׁ בַּסִּדּוּר?

שָׂרָה: בַּסִּדּוּר יֵשׁ בְּרָכוֹת.
בַּסִּדּוּר יֵשׁ תְּפִלּוֹת.

יוֹסִי: אֲנִי יוֹדֵעַ בְּרָכוֹת.
אֲנִי יוֹדֵעַ אֶת הַבְּרָכָה עַל לֶחֶם.
אֲנִי יוֹדֵעַ אֶת הַבְּרָכָה עַל פְּרִי.
הַאִם יֵשׁ סִדּוּר קָטָן?
שָׂרָה: יוֹסִי, לָמָּה אַתָּה רוֹצֶה סִדּוּר קָטָן?
אִמָּא: אַתָּה לֹא יוֹדֵעַ לִקְרֹא, יוֹסִי.
יוֹסִי: אֲנִי רוֹצֶה סִדּוּר קָטָן כִּי אֲנִי יֶלֶד קָטָן.

Words to Know מִלּוֹן

if	אִם
blessings	בְּרָכוֹת
big, large	גָּדוֹל
because	כִּי
to see	לִרְאוֹת

he gave	נָתַן
fruit	פְּרִי
small	קָטָן
pictures	תְּמוּנוֹת
prayers	תְּפִלּוֹת

Who? מִי?

Answer the following questions in a complete sentence.

1 מִי נָתַן סִדּוּר לְשָׂרָה?

2 מִי בַּבַּיִת?

3 מִי רוֹצֶה לִרְאוֹת אֶת הַסִּדּוּר?

4 מִי רוֹצֶה סִדּוּר קָטָן?

5 מִי תַּלְמִידָה?

6 מִי אוֹמֶרֶת: בַּסִּדּוּר יֵשׁ תְּפִלּוֹת?

הַקֶּשֶׁר הָעִבְרִי
The Hebrew Connection

Match each picture with the most suitable Hebrew sentence.

( ) הוּא אוֹמֵר: אֵיפֹה הַדְּבַשׁ?

( ) הוּא יוֹדֵעַ לִקְרֹא.

( ) לֵאָה רוֹצָה פְּרִי גָדוֹל.

( ) בַּבַּיִת אֵין תְּמוּנוֹת.

( ) הַיְלָדִים הוֹלְכִים.

( ) בַּסֵּפֶר יֵשׁ תְּמוּנוֹת.

( ) לֵאָה אוֹמֶרֶת: יֵשׁ לִי סִדּוּר.

( ) הַיַּלְדָּה רוֹצָה בְּרָכָה.

( ) כָּל הַיְלָדִים אוֹכְלִים.

Missing Letters

One letter is missing in each of the following words. If you add the correct letter to each word you will find that the words are in alphabetical order.
The sixth item is וְ. Remember that וְ is not a separate word in Hebrew. It is always attached to another word. Add a word of your choice to the וְ.
You haven't learned a word that begins with a צ, so next to the צ we wrote the English meaning of a word. Find the Hebrew word beginning with צ in the מִלּוֹן *at the back of the book, and write it in.*

Challenge: Write the English meaning of each word.

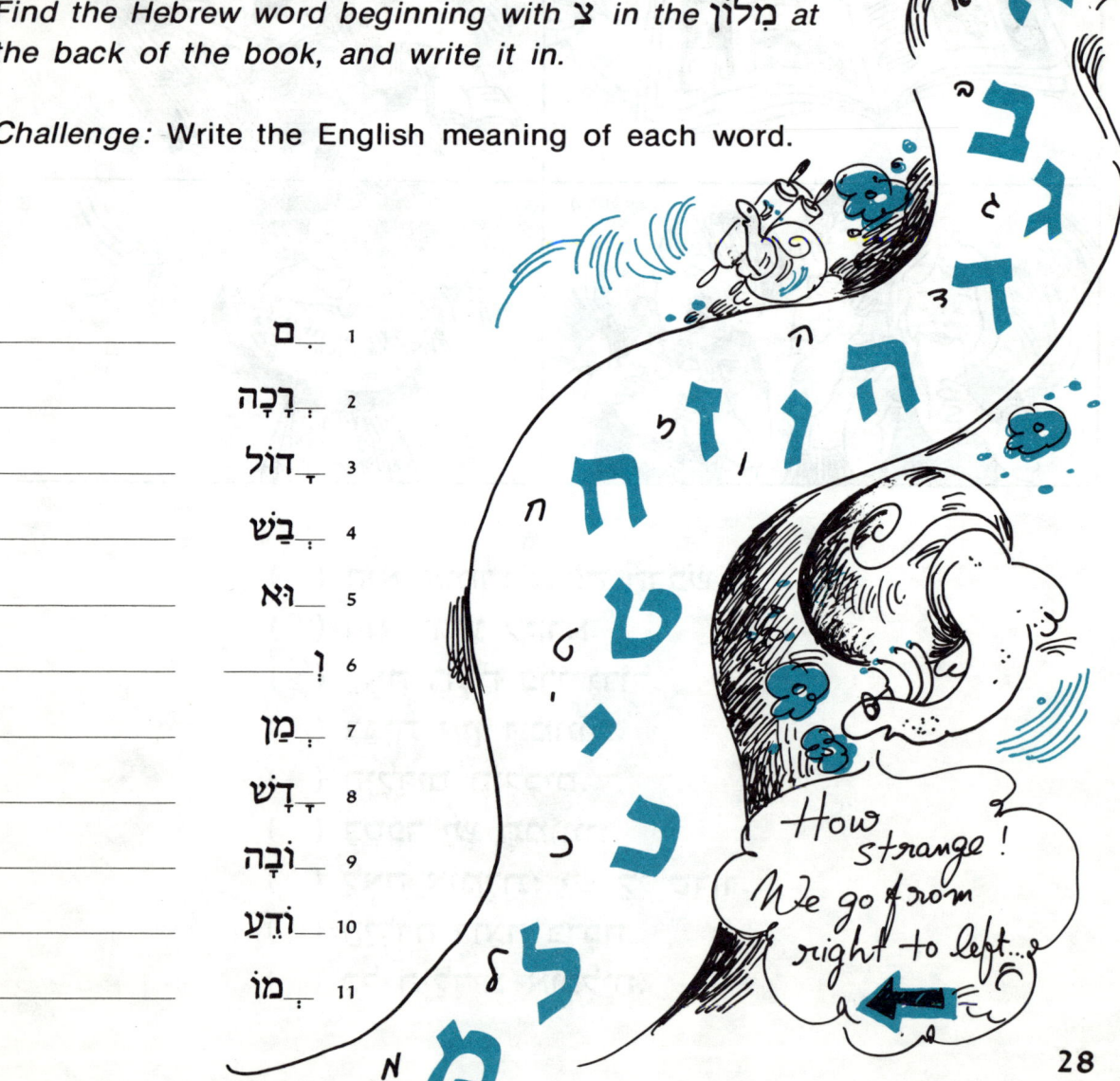

1. ___ם ________
2. ___רָכָה ________
3. ___דוֹל ________
4. ___בַשׁ ________
5. ___וּא ________
6. ________וְ ________
7. ___מַן ________
8. ___דָשׁ ________
9. ___וֹבָה ________
10. ___וֹדֵעַ ________
11. ___מוֹ ________

12 ______ ‏_מָה

13 ______ ‏_תוֹק

14 ______ ‏_וֹתֵן

15 ______ ‏_דוֹר

16 ______ ‏_כְשָׁו

17 ______ ‏_רִי

18 he commanded ______ ‏צִ

19 ______ ‏_טָן

20 ______ ‏_וֹצֶה

21 ______ ‏_לִי

22 ______ ‏_פְלוֹת

Danny Dug's Alef-Bet Chowder

Find out which letters of the Hebrew alphabet are missing from this kettle of אָלֶף־בֵּית chowder.

Arrange the letters to spell a Hebrew word.

The word is _____.

In English, this word means _____.

Can you make up some magic sentences?
Choose a word that begins with each of the letters below and make a correct Hebrew sentence.

1 בַּ______ יְ______ תְּ______.

2 אֲ______ יוֹ______ בְּ______.

3 זֶ______ סִ______ גָ______.

4 הַ______ נוֹ______ לְ______
סִ______.

5 הַ______ אוֹ______ עוֹ______.

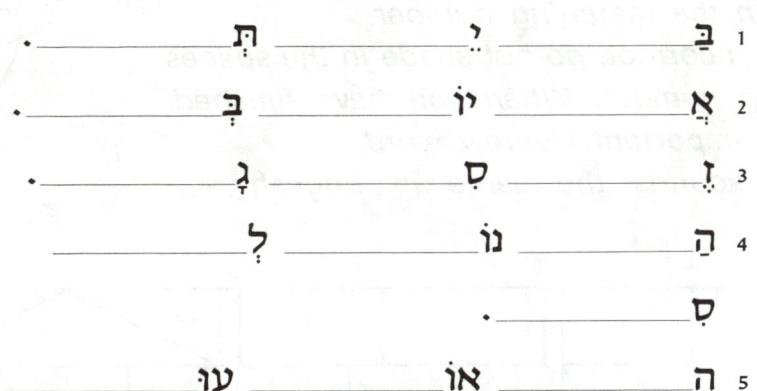

A Siddur Puzzle

If you know certain facts about the Siddur, this puzzle is easy!

Read each statement carefully. If it is correct, shade in all the spaces with the matching number.
If the statement is incorrect, do not shade in the spaces with the matching number. When you have finished, you'll discover an important Hebrew word.
Hint: The word sounds the same in English and Hebrew.

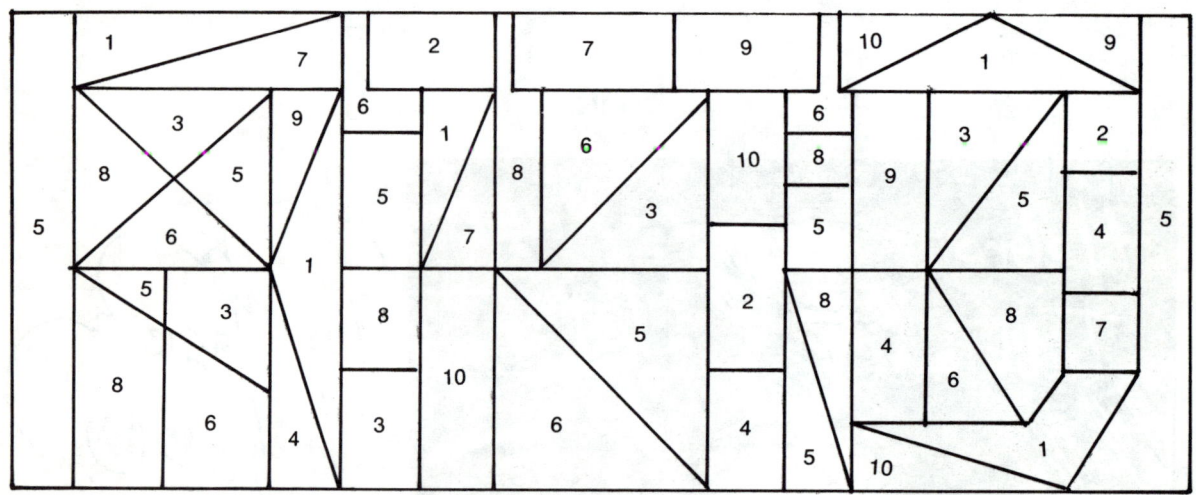

1. The Siddur is a book of prayers.
2. The Torah blessings are in the Siddur.
3. There are many pictures in the Siddur.
4. The Siddur includes prayers for many holidays.
5. The book we use at the Passover seder is called a Siddur.
6. The Siddur never mentions the name of God.
7. The Siddur helps us find the words to say when we want to pray.
8. The Siddur can only be used in the synagogue.
9. Jews all over the world read the Siddur.
10. Jews have prayed from the Siddur for many, many years.

מַה מַתְאִים? *What Fits?*

Circle the word in parentheses that best completes the sentence.

1 הַמּוֹרֶה (אוֹמֵר · נוֹתֵן · יוֹדֵעַ) לִי סֵפֶר.

2 אִמָּא רוֹצָה (לִרְאוֹת · לָלֶכֶת · לֶאֱכֹל) אֶת הַסִּדּוּר.

3 אַבְרָהָם לֹא לוֹמֵד (כְּמוֹ · עַל · כַּאֲשֶׁר) הוּא בַּבַּיִת.

4 (מַה · לָמָּה · מִי) יוֹסִי רוֹצֶה סִדּוּר קָטָן?

5 אֲנַחְנוּ אוֹכְלִים (תְּמוּנוֹת · לֶחֶם · בְּרָכוֹת) עַכְשָׁו.

כְּתֹב בְּעִבְרִית *Write in Hebrew*

1 She wants to see the book.
2 You want to see the cake.
3 This is a big pencil.
4 This is a big table.
5 He is a small boy.
6 This is a small house.
7 I want the pictures.
8 Do you want to see a prayerbook?

שִׁעוּר רְבִיעִי

Lesson Four

הַבְּרָכָה עַל פְּרִי הָעֵץ

הַחֲבֵרִים שֶׁל שָׂרָה בַּבַּיִת שֶׁל שָׂרָה.
שָׂרָה נוֹתֶנֶת תַּפּוּחַ לְכָל חָבֵר.

שָׂרָה אוֹמֶרֶת: יַעֲקֹב, הַאִם אַתָּה אוֹמֵר "בּוֹרֵא פְּרִי הָאֲדָמָה" לִפְנֵי שֶׁאַתָּה אוֹכֵל אוֹ אַחֲרֵי שֶׁאַתָּה אוֹכֵל תַּפּוּחַ?

יַעֲקֹב אוֹמֵר: אֲנִי אוֹמֵר אֶת הַבְּרָכָה לִפְנֵי שֶׁאֲנִי אוֹכֵל.

שָׂרָה אוֹמֶרֶת: לֹא נָכוֹן, יַעֲקֹב.

שָׂרָה אוֹמֶרֶת: יִצְחָק, הַאִם אַתָּה אוֹמֵר "בּוֹרֵא פְּרִי הָאֲדָמָה" לִפְנֵי שֶׁאַתָּה אוֹכֵל אוֹ אַחֲרֵי שֶׁאַתָּה אוֹכֵל תַּפּוּחַ?

34

יִצְחָק חוֹשֵׁב וְחוֹשֵׁב וְאוֹמֵר: אַחֲרֵי.
שָׂרָה אוֹמֶרֶת: לֹא נָכוֹן, יִצְחָק.

לֵאָה אוֹמֶרֶת: מָה אַתְּ אוֹמֶרֶת, שָׂרָה?
לֹא לִפְנֵי וְלֹא אַחֲרֵי?
מָתַי אַתְּ אוֹמֶרֶת אֶת הַבְּרָכָה?

שָׂרָה אוֹמֶרֶת: אֲנִי לֹא אוֹמֶרֶת "בּוֹרֵא פְּרִי הָאֲדָמָה" עַל תַּפּוּחַ. אֲנִי אוֹמֶרֶת "בּוֹרֵא פְּרִי הָעֵץ" עַל תַּפּוּחַ. תַּפּוּחַ, זֶה פְּרִי הָעֵץ וְלֹא פְּרִי הָאֲדָמָה. וַאֲנִי אוֹמֶרֶת אֶת הַבְּרָכָה הַזֹּאת לִפְנֵי שֶׁאֲנִי אוֹכֶלֶת תַּפּוּחַ!

מִלּוֹן *Words to Know*

ground, earth	אֲדָמָה	before	לִפְנֵי
or	אוֹ	when	מָתַי
eat(s) (f.s.)	אוֹכֶלֶת	give(s) (f.s.)	נוֹתֶנֶת
after	אַחֲרֵי	correct	נָכוֹן
creates	בּוֹרֵא	tree	עֵץ
think(s) (m.s.)	חוֹשֵׁב	apple	תַּפּוּחַ

מָה חָסֵר? *What's Missing?*

Find the word in the Word Box that best completes each sentence.

מָתַי · פְּרִי · נָכוֹן · נוֹתֶנֶת · עֵץ · לִפְנֵי · אוֹכֶלֶת · בּוֹרֵא
תְּפִלּוֹת · חוֹשֵׁב

1 אִמָּא ______ לֶחֶם לַיְלָדִים.

2 שָׂרָה ______ אֲרוּחַת־בֹּקֶר.

3 הוּא אוֹכֵל ______ מָתוֹק.

4 הַתַּפּוּחַ עַל הָ______.

5 סַבָּא אוֹמֵר בְּרָכָה ______ שֶׁהוּא אוֹכֵל.

6 ______ אַתָּה רוֹצֶה לָלֶכֶת הַבַּיְתָה?

7 בַּסִּדּוּר יֵשׁ ______.

8 הַמּוֹרֶה ______ שֶׁדָּוִד תַּלְמִיד טוֹב.

The Hebrew Connection / הַקֶּשֶׁר הָעִבְרִי

Match each picture with the most suitable Hebrew sentence.

( ) הַחֲבֵרִים שֶׁל מֹשֶׁה בַּכִּתָּה.
( ) בַּבַּיִת שֶׁל מֹשֶׁה יֵשׁ חֲגִיגָה.
( ) לְכָל אֶחָד יֵשׁ סִדּוּר קָטָן וְגַם סִדּוּר גָּדוֹל.
( ) הַסֵּפֶר שֶׁל דָּנִי כְּמוֹ הַסֵּפֶר שֶׁל דִּינָה.
( ) סַבָּא רוֹצֶה לִקְרֹא בַּסִּדּוּר.
( ) אִמָּא נוֹתֶנֶת לֶחֶם וְחָלָב לַיְלָדִים.
( ) הַיְלָדִים אוֹכְלִים פְּרִי לִפְנֵי שֶׁהֵם הוֹלְכִים הַבַּיְתָה.
( ) סַבָּא אוֹמֵר אֶת הַבְּרָכָה עַל פְּרִי הָעֵץ.

A Number Code

Write the Hebrew word that means the same as the English. Write one letter in each blank space. Leave out the vowels.

Now write every letter that has a number under it in the numbered spaces at the bottom of the page.

You will find the name of a song that is sung in the synagogue on Shabbat and Festivals.

___ ___ ___ after
         1
___ ___ because
     2
___ ___ ___ (he) gave
   3
___ ___ ___ like, as
         4
___ ___ ___ ___ creates
   5
___ ___ ___ to see
         6
___ ___ ___ ground
   7
___ ___ ___ fruit
     8
___ ___ ___ before
   9
___ ___ ___ ___ we
10

___ ___ ___ ___ ___ ___ ___ ___ ___ ___
10 9 8 7 6 5 4 3 2 1

38

בִּינְגּוֹ   Bingo

Match each English word on the right with a Hebrew word on the Bingo card. Write the number of the English word in the square, and circle your answer.

Continue to match words until you have four circled Hebrew words in a row — horizontally, vertically, or diagonally. That gives you בִּינְגוֹ — and you have won!

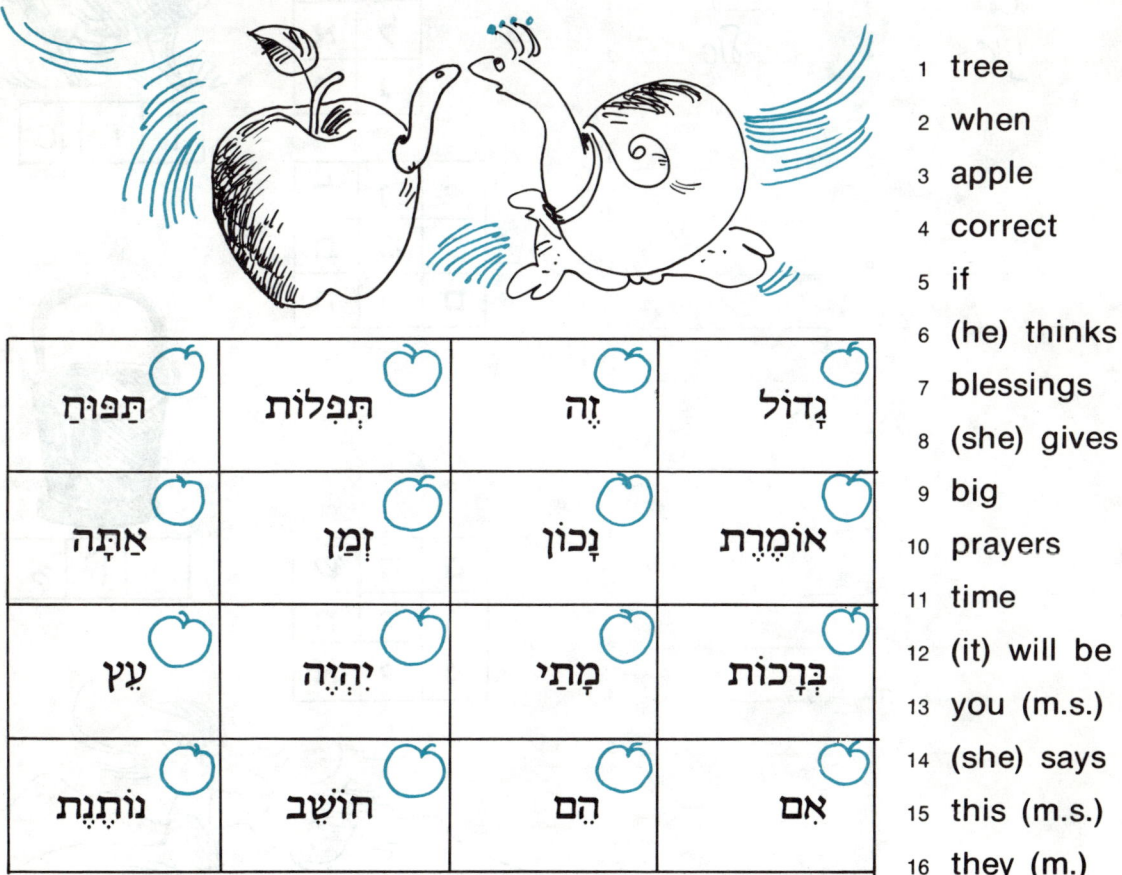

תַּפּוּחַ	תְּפִלּוֹת	זֶה	גָּדוֹל
אַתָּה	זְמַן	נָכוֹן	אוֹמֶרֶת
עֵץ	יִהְיֶה	מָתַי	בְּרָכוֹת
נוֹתֶנֶת	חוֹשֵׁב	הֵם	אִם

1 tree
2 when
3 apple
4 correct
5 if
6 (he) thinks
7 blessings
8 (she) gives
9 big
10 prayers
11 time
12 (it) will be
13 you (m.s.)
14 (she) says
15 this (m.s.)
16 they (m.)

If you match **all** the English words with their Hebrew meanings, you will have בִּינְגוֹ ten ways! See if you can fill the entire card.

Word Squares

How many words can you form from the group of letters in each square? You may use each letter as many times as you wish, and you may also rearrange them. The example will help you. Watch out! Hebrew spelling counts.

ל	י	א

1 לִי
2 אֵל
3 לֹא
4 אֲנִי

ל	א
נ	י

1 ____ 7 ____
2 ____ 8 ____
3 ____ 9 ____
4 ____ 10 ____
5 ____ 11 ____
6 ____ 12 ____

י	ו	ל
ד	מ	ת
ם	ר	ה

י	ל	ד

1 ____ 7 ____
2 ____ 8 ____
3 ____ 9 ____
4 ____ 10 ____
5 ____ 11 ____
6 ____ 12 ____

ם	ה	ש
ו	ל	ח
נ	י	א

ה	ל	י	א

Rate yourself after מורה checks your words for accuracy.

1–4 Feh!
5–7 Pretty good
8–10 Intelligent
11–15 Brilliant
16–24 Genius

Attached Words

Underline each word that has a part meaning **and** attached to it. Circle the part of the word that means **and**. The examples will help you.

1. תַּלְמִיד וְתַלְמִידִים
2. תַּלְמִידָה וּמוֹרָה
3. כֵּן וְלֹא
4. חוֹשֵׁב וְאוֹמֵר
5. תַּפּוּחַ וּדְבַשׁ
6. בְּרָכוֹת וּתְפִלּוֹת
7. סִדּוּר קָטָן וְסִדּוּר גָּדוֹל
8. שֶׁהֶחֱיָנוּ וְקִיְּמָנוּ וְהִגִּיעָנוּ

Check the Hebrew word that means the same as the English. Follow the example.

וְהַחֲבֵרִים	___ הַחֲבֵרִים ✓	___ חֲבֵרִים	1	the friends
וְהַסֵּפֶר	___ וְסֵפֶר	___ סֵפֶר	2	and a book
וְהַבְּרָכָה	___ וּבְרָכָה	___ בְּרָכָה	3	and the blessing
וְהָעֵץ	___ וְעֵץ	___ עֵץ	4	and a tree
הַפְּרִי	___ וּפְרִי	___ פְּרִי	5	and a fruit
וְהַסִּדּוּר	___ וְסִדּוּר	___ סִדּוּר	6	and a prayerbook
וּתְפִלּוֹת	___ הַתְּפִלּוֹת	___ תְּפִלּוֹת	7	the prayers
וְהַלֶּחֶם	___ וְלֶחֶם	___ לֶחֶם	8	and the bread
וּזְמַן	___ הַזְּמַן	___ זְמַן	9	a time

Something Special

A בְּרָכָה makes an ordinary everyday experience, like eating, into a religious experience.

When we say a בְּרָכָה —

> We give thanks to God for His blessings.
> We praise God for His gifts.
> We remind ourselves that life is special.
> We show appreciation for the beauties of nature.
> We notice more unusual things about the world.
> We feel closer to God.

Before we eat a fruit we say

בָּרוּךְ אַתָּה ה׳ אֱלֹהֵינוּ מֶלֶךְ הָעוֹלָם בּוֹרֵא פְּרִי הָעֵץ.

Before we eat a vegetable, or a fruit that does not grow on a tree — like strawberries — we say

בָּרוּךְ אַתָּה ה׳ אֱלֹהֵינוּ מֶלֶךְ הָעוֹלָם בּוֹרֵא פְּרִי הָאֲדָמָה.

Here are two בְּרָכָה baskets. Name some of the foods we could put in each one.

בּוֹרֵא פְּרִי הָאֲדָמָה   בּוֹרֵא פְּרִי הָעֵץ

סֵדֶר   Order

Write each group of words in אָלֶף־בֵּית order according to the first letter of each word. If you need help, turn back to page 28.

2		1	
_____	זְמַן	_____	חָבֵר
_____	תְּפִלּוֹת	_____	שֶׁל
_____	כִּי	_____	לֹא
_____	בְּרָכוֹת	_____	אֵין
_____	פְּרִי	_____	עַל
_____	נוֹתֵן	_____	יֵשׁ
_____	אֲנַחְנוּ	_____	טוֹב
_____	כַּאֲשֶׁר	_____	מַה

כְּתֹב בְּעִבְרִית   Write in Hebrew

1. He says a blessing before he eats.
2. She says a blessing after she eats.
3. We eat sweet fruit.
4. He wants a big apple.
5. She eats a small fruit.
6. You (m.s.) say prayers.

שִׁעוּר חֲמִישִׁי

Lesson Five

בָּרוּךְ ה'

הַמִּשְׁפָּחָה בַּבַּיִת. עַל הַשֻּׁלְחָן אֲרוּחָה יָפָה.
אַבָּא אוֹמֵר אֶת הַבְּרָכָה עַל הַלֶּחֶם, וְהַמִּשְׁפָּחָה אוֹמֶרֶת:
אָמֵן.
הַמִּשְׁפָּחָה אוֹכֶלֶת אֶת הָאֲרוּחָה.

הַיְלָדִים: אִמָּא, הַיּוֹם הָאֹכֶל טוֹב.

דָּוִד: הַפְּרִי מָתוֹק וְיָפֶה. בָּרוּךְ הָעֵץ אֲשֶׁר נוֹתֵן לָנוּ פְּרִי מָתוֹק וְיָפֶה.

סַבָּא: אֲנִי חוֹשֵׁב שֶׁהַיַּיִן טוֹב. בָּרוּךְ הַגֶּפֶן אֲשֶׁר נוֹתֵן לָנוּ יַיִן טוֹב.

רָחֵל: אֲנִי אוֹהֶבֶת אֶת הַלֶּחֶם. הַלֶּחֶם טוֹב.
בְּרוּכָה הָאָרֶץ אֲשֶׁר נוֹתֶנֶת לָנוּ לֶחֶם טוֹב.

סַבְתָּא: גַּם פְּרִי הָאֲדָמָה מָתוֹק וְטוֹב.
בְּרוּכָה הָאֲדָמָה אֲשֶׁר נוֹתֶנֶת לָנוּ פְּרִי מָתוֹק וְטוֹב.

רָחֵל: מָה אַתָּה חוֹשֵׁב, אַבָּא?

אַבָּא: אֲנִי? אֲנִי אוֹמֵר: בְּרוּכָה אִמָּא, כִּי הִיא נוֹתֶנֶת לָנוּ אֹכֶל טוֹב וְיָפֶה.

דָּוִד: וּמָה אַתְּ אוֹמֶרֶת, אִמָּא?

אִמָּא: אֲנִי אוֹמֶרֶת: בָּרוּךְ ה' אֱלֹהֵינוּ כִּי הוּא נוֹתֵן לֶחֶם וְאֹכֶל, לָנוּ וְגַם לְכָל הָעוֹלָם.
בָּרוּךְ ה' אֱלֹהֵינוּ כִּי הוּא בּוֹרֵא אֶת הַכֹּל!

מִלוֹן Words to Know

גֶּפֶן	grape vine		אֹכֶל	food
ה'	God		אֱלֹהֵינוּ	our God
יַיִן	wine		אֶרֶץ	land, earth (f.)
לָנוּ	(to) us		אֲשֶׁר	that, which, who
מִשְׁפָּחָה	family		בָּרוּךְ	praised blessed (m.)
עוֹלָם	world		בְּרוּכָה	praised, blessed (f.)

מַה? What?

Answer each question with a full sentence.

1 מַה נוֹתֵן לָנוּ הָעֵץ?

_____

2 מַה נוֹתֶנֶת לָנוּ הָאֲדָמָה?

_____

3 מַה נוֹתֵן לָנוּ הַגֶּפֶן?

_____

4 מָה אוֹכֶלֶת הַמִשְׁפָּחָה?

_____

5 מַה חוֹשֵׁב אַבָּא?

_____

6 מָה אוֹמֵר סַבָּא?

_____

יֵשׁ תְּמוּנָה אוֹ אֵין תְּמוּנָה?

מָה הַסּוֹף? *What's the End?*

Put a check next to the phrase that best completes each sentence according to the story.

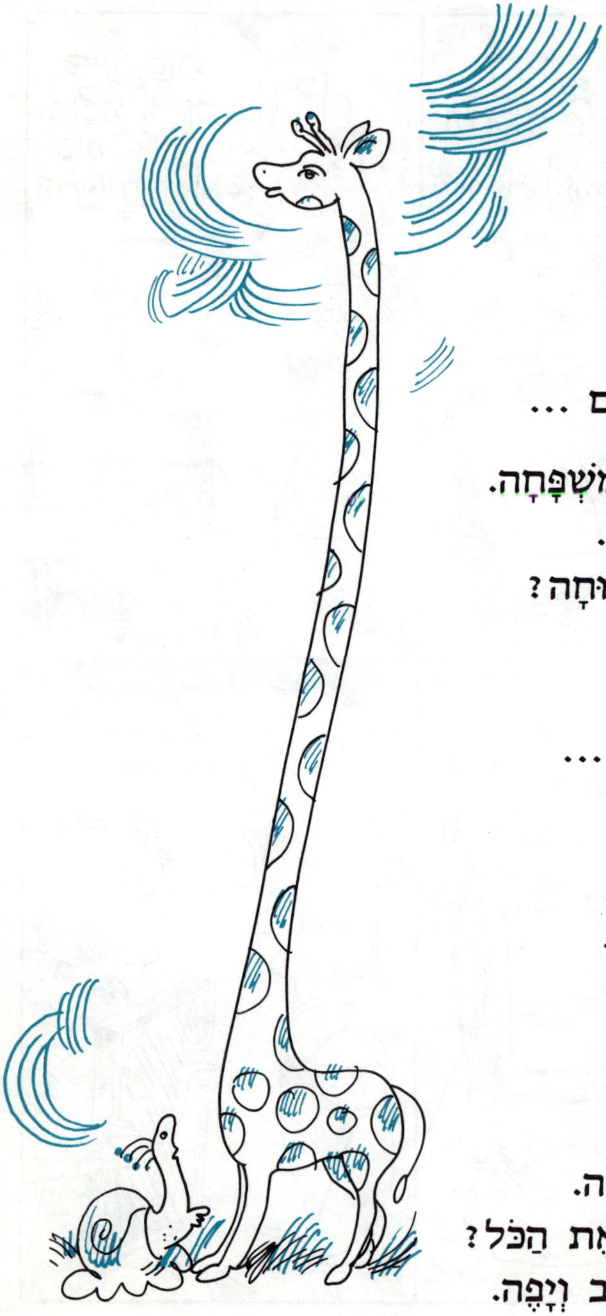

1 עַל הַשֻּׁלְחָן ...

א בְּרָכָה.

ב אֲרוּחָה.

ג בַּיִת.

2 הַיְלָדִים אוֹמְרִים ...

א שֶׁהֶחֱיָנוּ לַמִּשְׁפָּחָה.

ב הָאֹכֶל טוֹב.

ג אֵיפֹה הָאֲרוּחָה?

3 הָעֵץ נוֹתֵן לָנוּ ...

א לֶחֶם יָפֶה.

ב גֶּפֶן טוֹב.

ג פְּרִי מָתוֹק.

4 אַבָּא אוֹמֵר ...

א אִמָּא בְּרוּכָה.

ב מִי בּוֹרֵא אֶת הַכֹּל?

ג הָעוֹלָם טוֹב וְיָפֶה.

הַיֶּלֶד אוֹכֵל לֶחֶם.
הַיַּלְדָּה אוֹכֶלֶת לֶחֶם.
הַיְלָדִים אוֹכְלִים לֶחֶם.

Put each of the following verbs in the verb box where it belongs. If you succeed 100%, you will be awarded the special title of "Great Classifier."

1 נוֹתֵן	6 אוֹמְרִים	11 חוֹשְׁבִים	16 לוֹמֵד
2 אוֹכֶלֶת	7 נוֹתֶנֶת	12 אוֹמֶרֶת	17 הוֹלְכִים
3 אוֹמֵר	8 חוֹשֵׁב	13 אוֹכֵל	18 אוֹהֶבֶת
4 לוֹמְדִים	9 אוֹכְלִים	14 לוֹמֶדֶת	19 נוֹתְנִים
5 הוֹלֶכֶת	10 הוֹלֵךְ	15 אוֹהֵב	20 חוֹשֶׁבֶת

יֶלֶד □וֹ□ֵ□   יַלְדָּה □וֹ□ֶ□ֶת   יְלָדִים □וֹ□ְ□ִים

Related Words

Circle every word that contains the root letters of בָּרוּךְ.

1. בָּרוּךְ שֵׁם כְּבוֹד מַלְכוּתוֹ לְעוֹלָם וָעֶד
2. בָּרְכוּ אֶת ה' הַמְבֹרָךְ
3. בָּרוּךְ ה' הַמְבֹרָךְ לְעוֹלָם וָעֶד
4. יְבָרֶכְךָ ה' וְיִשְׁמְרֶךָ
5. בִּרְכַּת הַמָּזוֹן
6. וַיְבָרֶךְ אֱלֹהִים אֶת יוֹם הַשְּׁבִיעִי
7. יְהִי שֵׁם ה' מְבֹרָךְ מֵעַתָּה וְעַד עוֹלָם
8. הַקָּדוֹשׁ בָּרוּךְ הוּא
9. שִׂים שָׁלוֹם טוֹבָה וּבְרָכָה
10. בָּרְכֵנוּ אָבִינוּ כֻּלָּנוּ
11. בְּסֵפֶר חַיִּים בְּרָכָה וְשָׁלוֹם
12. בָּרוּךְ אֱלֹהֵינוּ, בָּרוּךְ אֲדוֹנֵינוּ, בָּרוּךְ מַלְכֵּנוּ

Look at the words you have circled. How many **different** words can you find? Write each different word here.

1 _____	6 _____
2 _____	7 _____
3 _____	8 _____
4 _____	9 _____
5 _____	10 _____

Rate yourself! If you have found
five different words — you're fairly good
seven words — you're good
nine words — you're very good
ten words — you're blessedly good!

A word is missing in each Hebrew phrase. Write the word that will make the Hebrew mean the same as the underlined English word(s).

praised are you	בָּרוּךְ ________	1
creates the fruit of the tree	בּוֹרֵא ________ הָעֵץ	2
creates the fruit of the vine	בּוֹרֵא פְּרִי ________	3
creates the fruit of the ground	בּוֹרֵא פְּרִי ________	4
creates all kinds of food	________ מִינֵי מְזוֹנוֹת	5
our God, King of the world	אֱלֹהֵינוּ מֶלֶךְ הָ________	6

חַפֵּשׂ אֶת הַמִּלָּה — *Hunt the Word*

These phrases are from the Siddur. Circle the Hebrew word that means the same as the English on the right.

ה' אֱלֹהֵינוּ ה' אֶחָד	1	our God
אֲדוֹן עוֹלָם אֲשֶׁר מָלַךְ	2	world
בָּרוּךְ אַתָּה ה', נוֹתֵן הַתּוֹרָה	3	gives
אֲנַחְנוּ כּוֹרְעִים וּמִשְׁתַּחֲוִים וּמוֹדִים	4	we
הוּא נוֹתֵן לֶחֶם לְכָל בָּשָׂר	5	bread
כִּי גָדוֹל ה'	6	because
כִּי רוֹצֶה ה' בְּעַמּוֹ	7	wants
עוֹשֶׂה שָׁלוֹם וּבוֹרֵא אֶת הַכֹּל	8	peace

מֶה חָסֵר? What's Missing?

Find the word in the Word Box that best completes each sentence.

1 הִנֵּה הַתַּלְמִיד _____ אוֹהֵב לִלְמֹד.
2 _____ אַתָּה אוֹכֵל עַכְשָׁו?
3 הַסֵּפֶר שֶׁל רָחֵל _____ הַסֵּפֶר שֶׁלִּי.
4 אִמָּא נוֹתֶנֶת _____ עוּגָה.
5 סַבָּא _____ לִי סִדּוּר יָפֶה.
6 דָּוִד יוֹדֵעַ אֶת הַ _____ עַל לֶחֶם.
7 עַל הַשֻּׁלְחָן יֵשׁ חַלּוֹת וְ_____.
8 דָּנִי לֹא אוֹהֵב לֶאֱכֹל פְּרִי הָ_____.
9 מָתַי אוֹמְרִים "_____ פְּרִי הַגֶּפֶן"?
10 דִּינָה רוֹצָה סֵפֶר _____.
11 הַאִם יֵשׁ _____ בָּעוּגָה?
12 הִיא _____ אֶת כָּל הַתְּמוּנוֹת.
13 אַבָּא _____ שֶׁהָעוֹלָם גָּדוֹל וְיָפֶה.

Word Box:
יַיִן
דְּבַשׁ
נָתַן
כְּמוֹ
בּוֹרֵא
לָמָה
אֲדָמָה
רוֹצָה
גָּדוֹל
אֲשֶׁר
אוֹמֵר
בְּרָכָה
לָנוּ

Copy the words into the vertical columns in the puzzle and you will discover the last three words of the blessing we say before eating fish and meat.

Look at the next page...

52

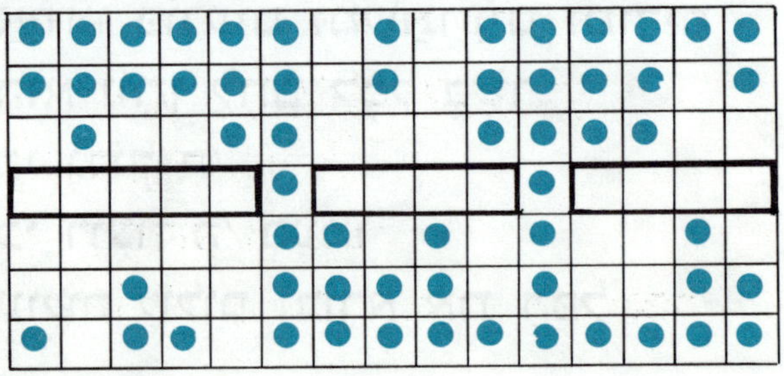

Now write the complete בְּרָכָה.

בָּרוּךְ אַתָּה ה' _____ _____ _____

_____ _____ .

What Fits?   מַה מַתְאִים?

Circle the word in parentheses that best completes the sentence.

1. הַמִשְׁפָּחָה (לוֹמֶדֶת · אוֹכֶלֶת · הוֹלֶכֶת) פְּרִי הָאֲדָמָה.
2. הַגֶפֶן (אוֹהֵב · אוֹמֵר · נוֹתֵן) לָנוּ יַיִן.
3. ה' נוֹתֵן לֶחֶם לְכָל (הָעוֹלָם · הָעֵץ · הָאֹכֶל).
4. מִרְיָם אוֹמֶרֶת בְּרָכָה (אֲשֶׁר · כְּמוֹ · לִפְנֵי) שֶׁהִיא אוֹכֶלֶת תַּפּוּחַ.
5. אֲנַחְנוּ אוֹכְלִים בַּ(בַּיִת · אֶרֶץ · אָמֵן).

Write in Hebrew   כְּתֹב בְּעִבְרִית

1. I like food.
2. You (f.s.) like sweet wine.
3. She gives us cake.
4. The tree gives good fruit.
5. He gave us bread.
6. God creates everything.

שִׁעוּר שִׁשִּׁי

ששששששששששששששששששששששששששששששששש

Lesson Six

גַּם לֵוִי יוֹדֵעַ בְּרָכוֹת

שָׂרָה וְלֵוִי בַּבַּיִת שֶׁל סַבָּא וְסַבְתָּא.
הֵם יוֹשְׁבִים עַל־יַד הַשֻּׁלְחָן.
סַבְתָּא אוֹמֶרֶת: יְלָדִים, הַאִם אַתֶּם רוֹצִים לֶאֱכֹל?
שָׂרָה אוֹמֶרֶת: הַאִם יֵשׁ תַּפּוּחַ? אֲנִי רוֹצָה לֶאֱכֹל תַּפּוּחַ.
סַבְתָּא נוֹתֶנֶת תַּפּוּחַ לְשָׂרָה.

סַבְתָּא אוֹמֶרֶת: לֵוִי, הַאִם אַתָּה רוֹצֶה תַּפּוּחַ?
לֵוִי אוֹמֵר: לֹא, תּוֹדָה.
שָׂרָה אוֹמֶרֶת אֶת הַבְּרָכָה "בָּרוּךְ אַתָּה .... בּוֹרֵא פְּרִי הָעֵץ" וְאוֹכֶלֶת אֶת הַתַּפּוּחַ.
סַבָּא אוֹמֵר: יָפֶה מְאֹד, שָׂרָה.
לֵוִי אוֹמֵר: סַבָּא, גַּם אֲנִי יוֹדֵעַ אֶת הַבְּרָכָה, אֲבָל אֲנִי לֹא רוֹצֶה לֶאֱכֹל תַּפּוּחַ. הַאִם יֵשׁ עוּגָה? אֲנִי רוֹצֶה לֶאֱכֹל עוּגָה.

סַבְתָּא הוֹלֶכֶת אֶל הָאָרוֹן. הִיא מוֹצִיאָה מִן הָאָרוֹן כָּל מִינֵי עוּגוֹת וְאוֹמֶרֶת: הִנֵּה עוּגוֹת, לֵוִי.

לֵוִי אוֹמֵר אֶת הַבְּרָכָה "בָּרוּךְ אַתָּה ה' אֱלֹהֵינוּ מֶלֶךְ הָעוֹלָם בּוֹרֵא מִינֵי מְזוֹנוֹת" וְאוֹכֵל אֶת הָעוּגוֹת.

סַבָּא אוֹמֵר: יָפֶה מְאֹד, לֵוִי. אֲנִי שָׂמֵחַ שֶׁגַּם אַתָּה יוֹדֵעַ בְּרָכוֹת.

מִלּוֹן Words to Know

אֲבָל	but	מִינֵי (מִינִים שֶׁל)	kinds of
אָרוֹן	closet, cabinet	מִן	from
אַתֶּם	you (m.pl.)	עוּגוֹת	cakes
יוֹשְׁבִים	sit (m.pl.)	עַל־יַד	near, next to
מְאֹד	very	רוֹצִים	want (m.pl.)
מוֹצִיאָה	take(s) out (f.s.)	שָׂמֵחַ	happy

מַה חָסֵר? What's Missing?

Find the Hebrew word in the Word Box that best completes each sentence.

1 חַיִּים אוֹמֵר: "אֲנִי ________ כִּי יֵשׁ לִי סֵפֶר חָדָשׁ."

2 אִמָּא ________ לֶחֶם מִן הָאָרוֹן.

3 לֵאָה אוֹהֶבֶת כָּל ________ עוּגוֹת.

4 אֲנַחְנוּ ________ בַּכִּתָּה.

5 ________ הַבַּיִת יֵשׁ עֵץ גָּדוֹל.

6 הַמּוֹרֶה אוֹמֵר: "תַּלְמִידִים, עַכְשָׁו ________ לִלְמֹד."

אֲבָל · זְמַן · שָׂמֵחַ · מְאֹד · מִינֵי · עַל־יַד · יוֹשְׁבִים · מוֹצִיאָה

The Hebrew Connection / הַקֶּשֶׁר הָעִבְרִי

Match each picture with the most suitable sentence below.

( ) הִיא חוֹשֶׁבֶת שֶׁהַיַּיִן מָתוֹק.
( ) הַמּוֹרָה מוֹצִיאָה סֵפֶר מִן הָאָרוֹן.
( ) לִפְנֵי הַבַּיִת יֵשׁ עֵץ קָטָן.
( ) עַל הָעֵץ יֵשׁ פְּרִי יָפֶה.
( ) הוּא שָׂמֵחַ מְאֹד.
( ) הוּא נוֹתֵן לָנוּ יַיִן.
( ) בָּאֲדָמָה יֵשׁ עֵץ גָּדוֹל וְעֵץ קָטָן.
( ) הַמּוֹרָה אוֹהֶבֶת כָּל מִינֵי תְּמוּנוֹת.
( ) הַיַּלְדָּה אוֹכֶלֶת עַל־יַד הַשֻּׁלְחָן.

כֵּן אוֹ לֹא True or False

Read each of the following sentences and decide whether it is true or false, according to the story. Circle the letter in the correct column — כֵּן or לֹא. Then copy each circled letter in the matching blank space below. When you finish, you will find the name of an important prayer.

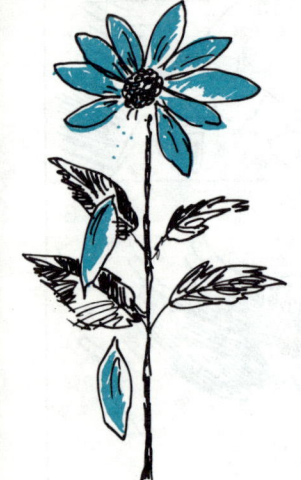

		לֹא	כֵּן
1	סַבְתָּא נוֹתֶנֶת לֶחֶם לַיְלָדִים.	ב	ש
2	סַבָּא וְסַבְתָּא יוֹשְׁבִים עַל־יַד הַשֻּׁלְחָן.	מ	ר
3	לֵוִי לֹא רוֹצֶה תַּפּוּחַ.	י	כ
4	שָׂרָה אוֹכֶלֶת כָּל מִינֵי עוּגוֹת.	ת	נ
5	סַבְתָּא מוֹצִיאָה פְּרִי מִן הָאֲדָמָה.	ה	ע
6	לֵוִי אוֹמֵר אֶת הַבְּרָכָה עַל עוּגָה.	ש	מ
7	סַבְתָּא אוֹמֶרֶת: "אֵין עוּגָה בַּבַּיִת."	ז	ר
8	סַבָּא שָׂמֵחַ כִּי לֵוִי יוֹדֵעַ בְּרָכוֹת.	א	ו
9	סַבָּא אוֹמֵר בְּרָכָה אֲבָל הוּא לֹא אוֹכֵל תַּפּוּחַ.	ן	ה

__ __ __ __ __   __ __ __ __
9 8 7 6 5   4 3 2 1

When do we recite this prayer? ________________________

____

Here are the Hebrew personal pronouns:

Singular

Feminine		Masculine	
אֲנִי	I	אֲנִי	I
אַתְּ	you	אַתָּה	you
הִיא	she	הוּא	he

Plural

Feminine		Masculine	
אֲנַחְנוּ	we	אֲנַחְנוּ	we
אַתֶּן	you	אַתֶּם	you
הֵן	they	הֵם	they

מַה לֹא מַתְאִים? What Doesn't Fit?

Find the verb that best completes each sentence. Cross out the misfit. Follow the example.

1 אֲנִי (אוֹכֵל · ~~אוֹכְלִים~~) לֶחֶם.

2 הוּא (אוֹהֵב · אוֹהֶבֶת) עוּגָה.

3 אַתֶּם (הוֹלֵךְ · הוֹלְכִים) הַבַּיְתָה.

4 אֲנַחְנוּ (אוֹמֶרֶת · אוֹמְרִים): "שָׁלוֹם."

5 אַתָּה (נוֹתֵן · נוֹתֶנֶת) סִדּוּר לַמּוֹרֶה.

6 הֵם (לוֹמֵד · לוֹמְדִים) בַּכִּתָּה.

7 הִיא (חוֹשֵׁב · חוֹשֶׁבֶת) שֶׁהָעֵץ יָפֶה.

8 אֲנַחְנוּ (יוֹשֵׁב · יוֹשְׁבִים) בַּבַּיִת.

There are at least five phrases from different בְּרָכוֹת *hidden in this puzzle. The phrases may read in any direction — top to bottom, right to left, bottom to top. Find each phrase and circle it. Then write it next to the picture to which it belongs.*

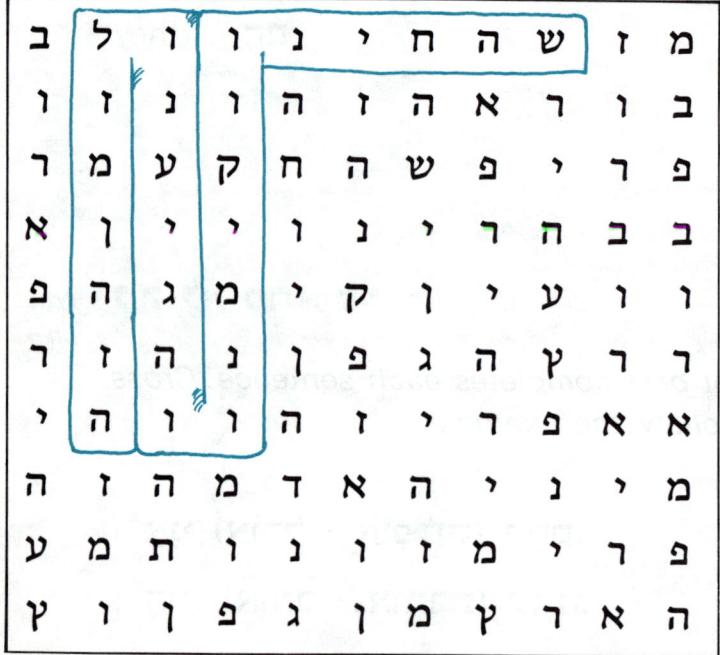

ב	ל	ו	ו	נ	י	ח	ה	ש	ז	מ
ו	ז	נ	ו	ה	ז	ה	א	ר	ו	ב
ר	מ	ע	ק	ח	ה	ש	פ	י	ר	פ
א	ן	י	י	ו	נ	י	ר	ה	ב	ב
פ	ה	ג	מ	י	ק	ן	י	ע	ו	ו
ר	ז	ה	נ	ן	פ	ג	ה	ץ	ר	ר
י	ה	ו	ו	ה	ז	י	ר	פ	א	א
ה	ז	ה	מ	ד	א	ה	י	נ	י	מ
ע	מ	ת	ו	נ	ו	מ	ז	י	ר	פ
ץ	ו	ן	פ	ג	ן	מ	ץ	ר	א	ה

____________________ 1

____________________ 2

____________________ 3

____________________ 4

____________________ 5

Siddur Words

A word is missing in each English phrase. In the blank space, write the word that will make the English mean the same as the Hebrew.

English	Hebrew
bread _from_ the earth	1 לֶחֶם מִן הָאָרֶץ
_____ (are) you, God	2 בָּרוּךְ אַתָּה ה'
our God, King of _____ world	3 אֱלֹהֵינוּ מֶלֶךְ הָעוֹלָם
_____ the fruit of the vine	4 בּוֹרֵא פְּרִי הַגֶּפֶן
enabled us to reach this _____	5 הִגִּיעָנוּ לַזְּמַן הַזֶּה
He gave _____ the Torah	6 נָתַן לָנוּ אֶת הַתּוֹרָה
_____ (is) God, our God	7 הוּא ה' אֱלֹהֵינוּ
God (is) _____ to everyone	8 טוֹב ה' לַכֹּל
it is a _____ of life	9 עֵץ חַיִּים הִיא
makes _____	10 עוֹשֶׂה שָׁלוֹם

Put a check before the Hebrew phrase that means the same as the English. Follow the example.

		English
אַתָּה בָּרוּךְ —	✓ אַתָּה אֱלֹהֵינוּ —	1 You (are) our God
פְּרִי הָעוֹלָם —	פְּרִי הָאֲדָמָה —	2 fruit of the ground
אוֹהֵב אֶת הַכֹּל —	בּוֹרֵא אֶת הַכֹּל —	3 creates everything
לַיּוֹם הַזֶּה —	לַזְּמַן הַזֶּה —	4 to this time
כִּי גָדוֹל ה' —	כִּי טוֹב ה' —	5 because God (is) great
בְּרָכָה בָּעוֹלָם —	שָׁלוֹם בָּעוֹלָם —	6 blessing in the world

Missing Letters

Write the Hebrew meaning of each English word. Then write the Hebrew words in א–ב order.

Alphabetical Listing

אוֹמֵר		1 picture
_____	_____	2 vine
_____	_____	3 before
_____	_____	4 good
_____	_____	5 (he) gave
_____	_____	6 world
_____	אוֹמֵר	7 after
_____	_____	8 street
_____	_____	9 she
_____	_____	10 book
_____	_____	11 table
_____	_____	12 and
_____	_____	13 (he) creates
_____	_____	14 because
_____	_____	15 fruit
_____	_____	16 aunt
_____	_____	17 this
_____	_____	18 family

Write the letters of the alphabet that are missing from the א–ב listing. _____ _____ _____

Arrange them to spell a boy's name in Hebrew. _____

חַפֵּשׂ אֶת הַמִּלָּה *Hunt the Word*

Circle the Hebrew word that means the same as the English word(s) on the right.

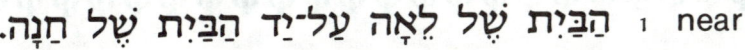

הַבַּיִת שֶׁל לֵאָה עַל־יַד הַבַּיִת שֶׁל חַנָּה.	1	near
הַאִם אַתֶּם אוֹכְלִים עַכְשָׁו?	2	you
הַדְּבַשׁ מָתוֹק מְאֹד.	3	very
סַבְתָּא נוֹתֶנֶת אֹכֶל לַמִּשְׁפָּחָה.	4	to the family
הַמּוֹרֶה שָׂמֵחַ כַּאֲשֶׁר כָּל הַתַּלְמִידִים לוֹמְדִים.	5	is happy
הָעוֹלָם גָּדוֹל וְיָפֶה.	6	the world
זֶה הַסִּדּוּר אֲשֶׁר הַמּוֹרֶה נָתַן לָנוּ.	7	that
הַמּוֹרָה מוֹצִיאָה סֵפֶר מִן הָאָרוֹן.	8	from

כְּתֹב בְּעִבְרִית *Write in Hebrew*

1. You (m.s.) walk to the closet.
2. We say: "Amen."
3. They are learning prayers.
4. She gives us wine.
5. I like all kinds of cakes.
6. He says: "Thank you."
7. You (m.pl.) are eating bread.
8. You (f.s.) study blessings.

שִׁעוּר שְׁבִיעִי

Lesson Seven

תַּלְמִיד חָדָשׁ וְשֵׁם חָדָשׁ

תַּלְמִיד חָדָשׁ בָּא לַכִּתָּה הַיּוֹם.

הַמּוֹרֶה: תַּלְמִידִים, בְּבַקָּשָׁה לְהַכִּיר אֶת מִישֶׁה. מִישֶׁה הוּא יֶלֶד אֲשֶׁר בָּא מֵרוּסְיָה.

הַתַּלְמִידִים: שָׁלוֹם מִישֶׁה! בָּרוּךְ הַבָּא!

הַמּוֹרֶה: הַיּוֹם אֲנַחְנוּ לוֹמְדִים בַּתּוֹרָה עַל מֹשֶׁה רַבֵּנוּ, עַל פַּרְעֹה מֶלֶךְ מִצְרַיִם, וְעַל יְצִיאַת מִצְרַיִם.

יוֹסֵף: אֲנִי חוֹשֵׁב שֶׁרוּסְיָה בַּזְּמַן הַזֶּה הִיא אֶרֶץ כְּמוֹ מִצְרַיִם בִּשְׁבִיל הַיְּהוּדִים, כִּי גַם בְּרוּסְיָה יֵשׁ אִישׁ כְּמוֹ פַּרְעֹה.

חַיִים:	מִישֶׁה, הַאִם אַתָּה רוֹצֶה לְסַפֵּר לָנוּ עַל יְצִיאַת רוּסְיָה?
מִישֶׁה:	הַיּוֹם אֲנִי שָׂמֵחַ שֶׁאֲנִי לֹא בְּרוּסְיָה.
	אֲנִי יְהוּדִי אֲשֶׁר בָּא מֵרוּסְיָה אֲבָל אֲנִי לֹא רוֹצֶה שֵׁם רוּסִי עוֹד. אֲנִי רוֹצֶה שֵׁם יְהוּדִי.
הַמּוֹרֶה:	טוֹב, מִישֶׁה, מִן הַיּוֹם הַזֶּה הַשֵּׁם הַיְּהוּדִי שֶׁלְּךָ מֹשֶׁה.
מֹשֶׁה:	אֲנִי שָׂמֵחַ שֶׁעַכְשָׁו הַשֵּׁם שֶׁלִּי מֹשֶׁה.
	כָּל הַיְלָדִים שְׂמֵחִים וְאוֹמְרִים: טוֹב מְאֹד מוֹרֶה!
	מֹשֶׁה זֶה שֵׁם טוֹב לִיהוּדִי טוֹב.

מִלּוֹן *Words to Know*

man	אִישׁ	Egypt	מִצְרַיִם
come(s) (m.s.)	בָּא	Moses our teacher	מֹשֶׁה רַבֵּנוּ
Welcome! (m.s.)	בָּרוּךְ הַבָּא!	Pharaoh	פַּרְעֹה
Jew(s)	יְהוּדִי, יְהוּדִים	Russian (m.s.)	רוּסִי
Exodus, departure	יְצִיאַת	Russia	רוּסְיָה
to tell	לְסַפֵּר	(are) happy (m.pl.)	שְׂמֵחִים
from	מֵ... מִ... מִן	Torah	תּוֹרָה
king	מֶלֶךְ		

לָמָה? *Why?*

Answer each question in a full Hebrew sentence.

1 לָמָה אוֹמְרִים הַתַּלְמִידִים: ״בָּרוּךְ הַבָּא״?

____

2 לָמָה אוֹמֵר יוֹסֵף שֶׁרוּסְיָה כְּמוֹ מִצְרַיִם?

____

3 לָמָה מִישֶׁה שָׂמֵחַ?

____

4 לָמָה מִישֶׁה לֹא רוֹצֶה שֵׁם רוּסִי?

____

5 לָמָה נוֹתֵן הַמּוֹרֶה שֵׁם יְהוּדִי לְמִישֶׁה?

____

Odd Sentence Out

There are three sentences next to each picture. Two of the sentences describe the picture and one does not. Place an X next to the one that does not.

( ) תַּלְמִיד חָדָשׁ בָּא לַכִּתָּה.

( ) הַיֶּלֶד בָּא מִמִּצְרַיִם.

( ) הַיֶּלֶד בָּא מֵרוּסְיָה.

( ) הֵם לוֹמְדִים עַל יְצִיאַת מִצְרַיִם.

( ) הֵם לוֹמְדִים עַל מֹשֶׁה רַבֵּנוּ.

( ) הֵם לוֹמְדִים עַל חֲגִיגָה.

( ) הוּא אוֹמֵר: בָּרוּךְ הַבָּא!

( ) הוּא אוֹמֵר בְּרָכָה עַל יַיִן.

( ) הוּא אוֹמֵר: "בּוֹרֵא פְּרִי הַגָּפֶן."

( ) חַנָּה אוֹמֶרֶת לַמּוֹרֶה:
בְּבַקָּשָׁה לְהַכִּיר אֶת הָאִמָּא שֶׁלִּי.

( ) הַמּוֹרֶה אוֹמֵר שָׁלוֹם לְאִמָּא שֶׁל חַנָּה.

( ) הֵם יוֹשְׁבִים בַּבַּיִת.

מֶה חָסֵר? *What's Missing?*

Find the word in the Word Box that best completes each sentence.

1 כָּל הַתַּלְמִידִים ________.

2 אַבָּא בַּבַּיִת, ________ אִמָּא בַּבַּיִת.

3 סַבָּא ________ לַבַּיִת.

4 משֶׁה אוֹמֵר שֶׁהוּא יֶלֶד ________.

5 שָׂרָה אוֹמֶרֶת: אֲנִי אוֹהֶבֶת אֶת הַ________ שֶׁלִּי.

6 הַמּוֹרָה רוֹצָה ________ לָנוּ עַל הַתּוֹרָה.

7 עַל הַ________ יֵשׁ סִדּוּר גָּדוֹל.

אֲשֶׁר
גַּם
מִשְׁפָּחָה
לְסַפֵּר
שְׂמֵחִים
יְהוּדִי
שֻׁלְחָן
בָּא
חוֹשֵׁב

Copy the words you have written into the numbered columns in the puzzle. If the words are in their proper spaces, you will discover, in the outlined area, the name of a holiday connected with the Exodus from Egypt.

Spot the Difference! מַה נִשְׁתַּנָה?

Each two Hebrew sentences are **almost** alike. But there is an important difference between them. Can you find it?
Check the Hebrew sentence that means the same as the English. Follow the example.

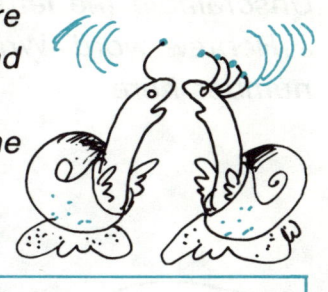

✓ הִיא אוֹכֶלֶת לֶחֶם.	1	She eats bread.
___ הִיא אוֹכֶלֶת אֶת הַלֶחֶם.		
___ לֵאָה אוֹהֶבֶת פְּרִי.	2	Leah likes the fruit.
___ לֵאָה אוֹהֶבֶת אֶת הַפְּרִי.		
___ אֲנִי רוֹצָה סִדוּר.	3	I want a prayerbook.
___ אֲנִי רוֹצָה אֶת הַסִדוּר.		
___ אַתָּה אוֹמֵר בְּרָכוֹת.	4	You are saying the blessings.
___ אַתָּה אוֹמֵר אֶת הַבְּרָכוֹת.		
___ הַמוֹרָה נוֹתֶנֶת לִי סֵפֶר.	5	The teacher gives me a book.
___ הַמוֹרָה נוֹתֶנֶת לִי אֶת הַסֵפֶר.		
___ הוּא יוֹדֵעַ תְּפִלוֹת.	6	He knows the prayers.
___ הוּא יוֹדֵעַ אֶת הַתְּפִלוֹת.		
___ אֲנַחְנוּ רוֹצִים לִרְאוֹת תְּמוּנוֹת.	7	We want to see the pictures.
___ אֲנַחְנוּ רוֹצִים לִרְאוֹת אֶת הַתְּמוּנוֹת.		
___ הֵם לֹא רוֹצִים מֶלֶךְ.	8	They do not want a king.
___ הֵם לֹא רוֹצִים אֶת הַמֶלֶךְ.		

Unscramble the letters carried by each camel and form a Hebrew word. Write each word next to the matching number here.

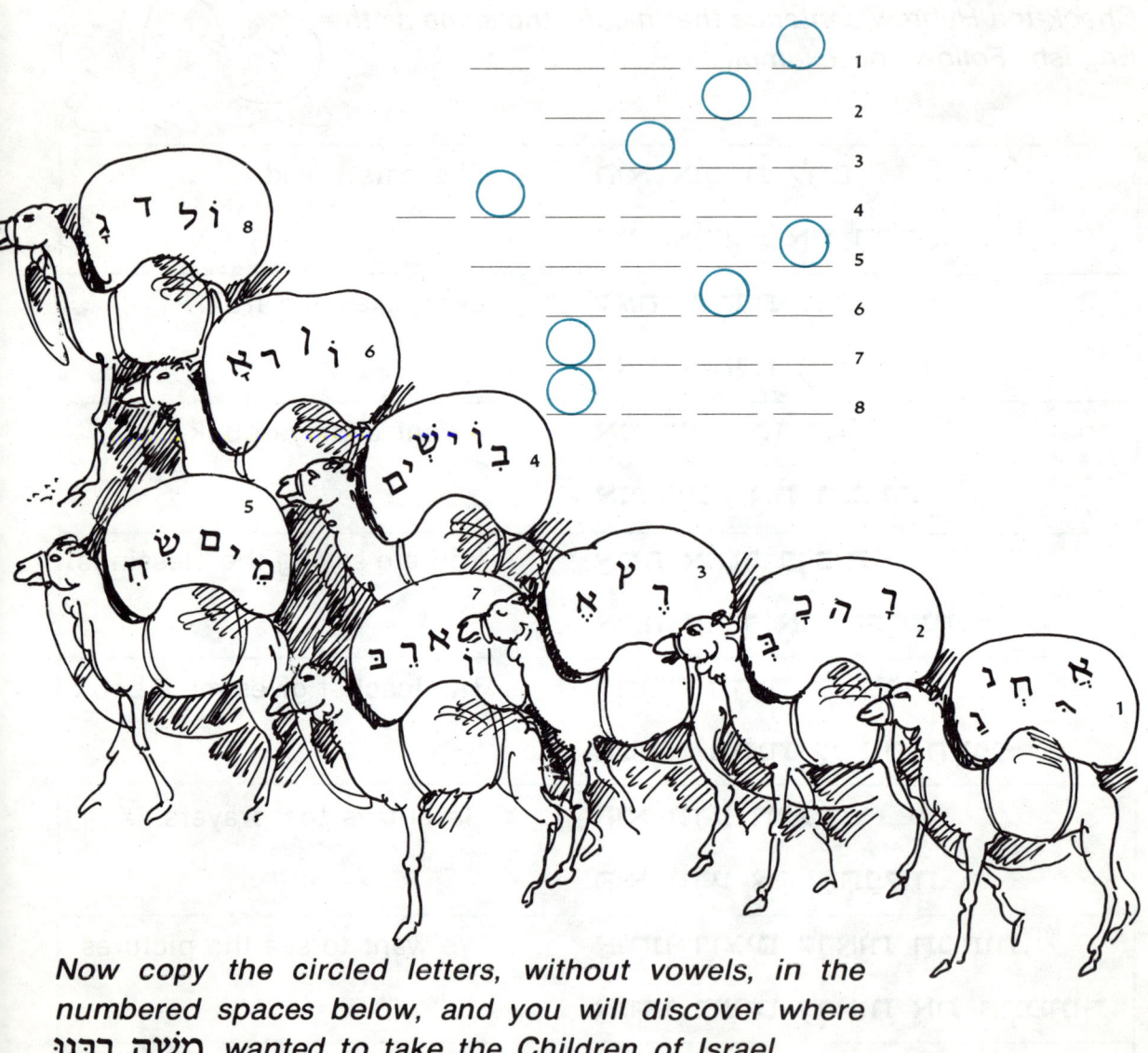

1 ______
2 ______
3 ______
4 ______
5 ______
6 ______
7 ______
8 ______

Now copy the circled letters, without vowels, in the numbered spaces below, and you will discover where מֹשֶׁה רַבֵּנוּ *wanted to take the Children of Israel.*

___ ___ ___ ___ ___   ___ ___ ___
8 7 6 5 4   3 2 1

Attached Words

*Each two Hebrew words are **almost** alike, but there is an important difference between them. Can you find it? Write a check next to the Hebrew word that means the same as the English. Follow the example.*

בַּבַּיִת __	בְּבַיִת ✓	1	in a house
בַּסֵּפֶר __	בְּסֵפֶר __	2	in the book
בַּמִּשְׁפָּחָה __	בְּמִשְׁפָּחָה __	3	in a family
בָּאָרוֹן __	בְּאָרוֹן __	4	in a closet
בָּעוֹלָם __	בְּעוֹלָם __	5	in the world
בַּסִּדּוּר __	בְּסִדּוּר __	6	in the prayerbook

Read the Hebrew words in column 1. Add the Hebrew particles (small words) as directed in column 2. Write your answer in column 3. Follow the example.

3	2	1	
הַיֶּלֶד	the	יֶלֶד	1
________	and the	מֶלֶךְ	2
________	and a	אִישׁ	3
________	and the	יְהוּדִים	4
________	the	גֶּפֶן	5
________	in a	סִדּוּר	6
________	in the	תְּפִלּוֹת	7
________	in the	זְמַן	8
________	and the	יַיִן	9

הַיַּלְדָּה הַזֹּאת יוֹדַעַת הִיסְטוֹרְיָה יְהוּדִית!

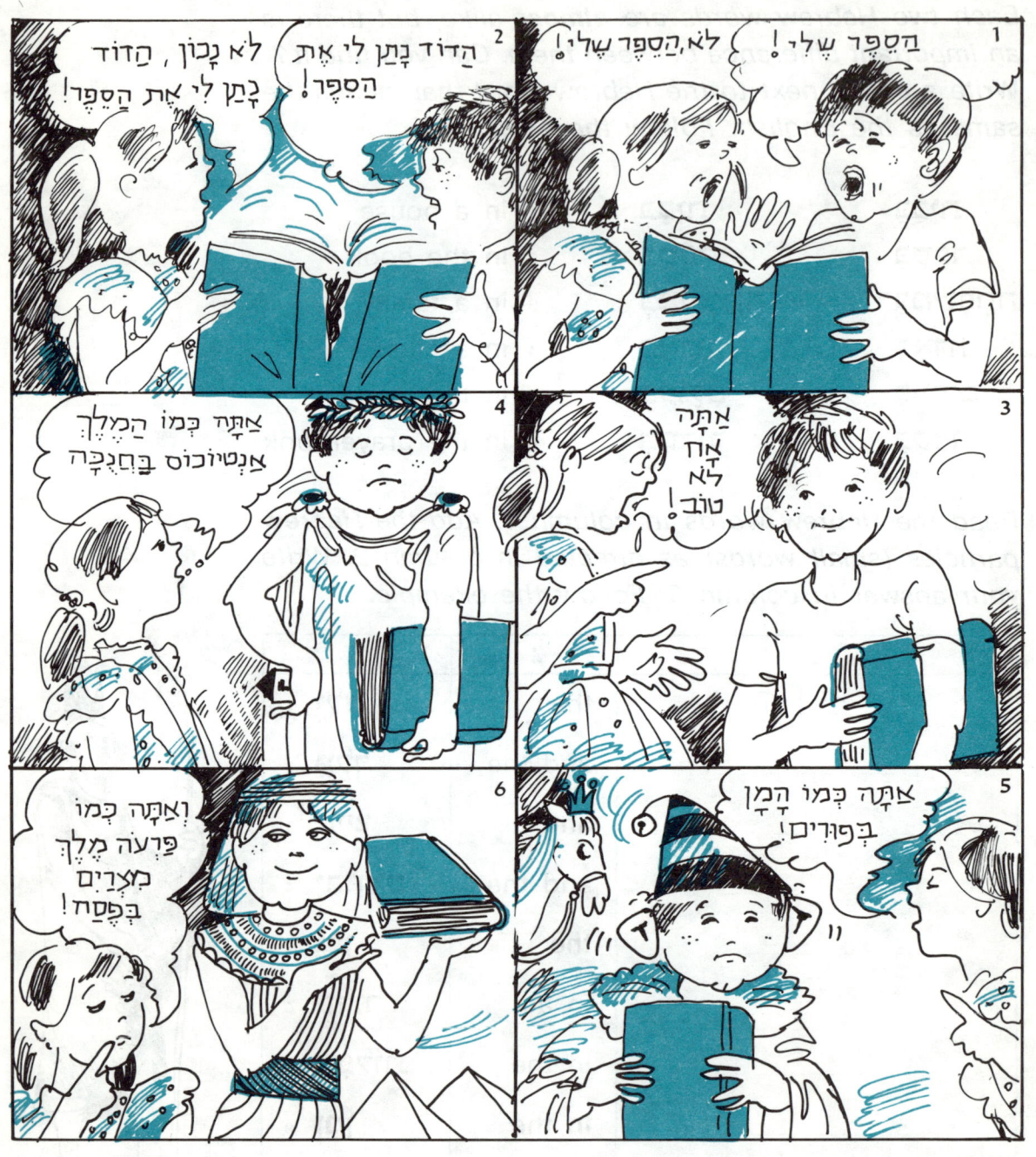

מַה מַּתְאִים? *What Fits?*

Circle the word in parentheses that best completes the sentence.

1 הַמּוֹרֶה (רוֹצֶה · בָּא · חוֹשֵׁב) לַכִּתָּה.

2 ה' אֱלֹהֵינוּ הוּא (אַתָּה · אֶרֶץ · מֶלֶךְ) הָעוֹלָם.

3 בַּכִּתָּה הַיְלָדִים לוֹמְדִים עַל (יְצִיאַת · חֲגִיגַת · מִשְׁפָּחָה) מִצְרַיִם.

4 רוּסְיָה (אֶרֶץ · אָדוֹן · דְּבַשׁ) לֹא טוֹבָה לַיְּהוּדִים.

5 מֹשֶׁה תַּלְמִיד חָדָשׁ (לִפְנֵי · מְאֹד · אֲשֶׁר) בָּא מֵרוּסְיָה.

כְּתֹב בְּעִבְרִית *Write in Hebrew*

1 David is a Hebrew name.
2 The king is very happy.
3 He comes from Egypt.
4 She is eating the apple.
5 Haman doesn't like the Jews.

שִׁעוּר שְׁמִינִי

Lesson Eight

לַעֲסֹק בְּדִבְרֵי תוֹרָה

הָאֹכֶל עַל הַשֻּׁלְחָן. הַמִּשְׁפָּחָה יוֹשֶׁבֶת עַל־יַד הַשֻּׁלְחָן.

אִמָּא: אֵיפֹה שְׁלֹמֹה? לָמָּה הוּא לֹא בָּא אֶל הַשֻּׁלְחָן?

מִרְיָם: שְׁלֹמֹה בַּחֶדֶר שֶׁלּוֹ וְרוֹצֶה לִלְמֹד.

אִמָּא הוֹלֶכֶת לַחֶדֶר שֶׁל שְׁלֹמֹה וְאוֹמֶרֶת: שְׁלֹמֹה, זְמַן לֶאֱכֹל, בּוֹא לַשֻּׁלְחָן.

שְׁלֹמֹה: אִמָּא, אֲנִי לֹא רוֹצֶה לֶאֱכֹל, כִּי אֲנִי רוֹצֶה לִלְמֹד תּוֹרָה עַכְשָׁו.

אִמָּא: וְלָמָּה אַתָּה רוֹצֶה לִלְמֹד תּוֹרָה עַכְשָׁו?

שְׁלֹמֹה: הַיּוֹם הַמּוֹרֶה אָמַר שֶׁה' קִדֵּשׁ אוֹתָנוּ בְּמִצְווֹת שֶׁלּוֹ וְצִוָּה אוֹתָנוּ לַעֲסֹק בְּדִבְרֵי תּוֹרָה. וַאֲנִי רוֹצֶה לִלְמֹד תּוֹרָה עַכְשָׁו וְלַעֲשׂוֹת מִצְוָה.

אִמָּא: זֶה טוֹב שֶׁאַתָּה רוֹצֶה לַעֲשׂוֹת מִצְוָה שְׁלֹמֹה, אֲבָל עַכְשָׁו זְמַן לֶאֱכֹל. אַחֲרֵי שֶׁאַתָּה אוֹכֵל, אַתָּה יוֹשֵׁב וְלוֹמֵד תּוֹרָה.

שְׁלֹמֹה: אֲבָל, אִמָּא, אֲנִי רוֹצֶה ....

אִמָּא: אֵין "אֲבָל", שְׁלֹמֹה, בּוֹא לַשֻּׁלְחָן לֶאֱכֹל! אַחֲרֵי שֶׁאַתָּה אוֹכֵל, אַתָּה לוֹמֵד תּוֹרָה.
בְּלִי אֹכֶל – אֵין תּוֹרָה.
אִם יֵשׁ אֹכֶל – יֵשׁ תּוֹרָה.
לַשֻּׁלְחָן!

75

מִלּוֹן Words to Know

us	אוֹתָנוּ	to engage in	לַעֲסֹק בְּ...
he said	אָמַר	to do, to make	לַעֲשׂוֹת
without	בְּלִי	mitzvah, mitzvot	מִצְוָה, מִצְווֹת
words of	דִּבְרֵי	he commanded	צִוָּה
room	חֶדֶר	he made holy	קִדֵּשׁ
sit(s) (m.,f.s.)	יוֹשֵׁב, יוֹשֶׁבֶת	his	שֶׁלּוֹ

חַפֵּשׂ אֶת הַמִּלָּה Hunt the Word

Circle the Hebrew word that means the same as the English word(s) on the right.

1. room — זֶה חֶדֶר גָּדוֹל וְיָפֶה.
2. sits — הַתַּלְמִיד יוֹשֵׁב עַל־יַד הַלּוּחַ.
3. commanded — הַמֶּלֶךְ צִוָּה אֶת הָאִישׁ לֶאֱכֹל.
4. us — סַבְתָּא רוֹצָה לִרְאוֹת אוֹתָנוּ.
5. to do — מָה אַתָּה רוֹצֶה לַעֲשׂוֹת הַיּוֹם?
6. words of — סַבָּא שֶׁלּוֹ יוֹדֵעַ דִּבְרֵי תּוֹרָה.
7. made holy — ה׳ קִדֵּשׁ אֶת יוֹם הַשַּׁבָּת.
8. to tell — הַמּוֹרֶה אוֹהֵב לְסַפֵּר עַל יְצִיאַת מִצְרַיִם.

הַקֶּשֶׁר הָעִבְרִי The Hebrew Connection

Match each picture with the most suitable Hebrew sentence.

( ) סַבָּא רוֹצֶה לְסַפֵּר עַל יְצִיאַת מִצְרַיִם.

( ) הִיא רוֹצָה לִקְרֹא לִפְנֵי שֶׁהִיא אוֹכֶלֶת.

( ) הוּא אוֹהֵב לַעֲסוֹק בְּדִבְרֵי תוֹרָה.

( ) הַתַּלְמִיד יוֹדֵעַ דִּבְרֵי תוֹרָה.

( ) אִמָּא אוֹמֶרֶת שֶׁעַכְשָׁו זְמַן לִלְמֹד.

( ) הִיא יוֹשֶׁבֶת בַּחֶדֶר.

( ) הָאִישׁ יוֹשֵׁב עַל־יַד הַבַּיִת.

( ) הִיא רוֹצָה לַעֲשׂוֹת מִצְוָה.

כֵּן אוֹ לֹא *True or False*

Read each sentence and decide whether it is true or false, according to the story.
Circle the letter in the correct column — כֵּן or לֹא.
Then copy each circled letter in the matching blank space below.
When you finish, you will find a saying from our Sages.

		לֹא	כֵּן
1	הַמִּשְׁפָּחָה בַּבַּיִת.	ש	ת
2	מִרְיָם לֹא רוֹצָה לֶאֱכֹל.	ל	ם
3	שְׁלֹמֹה לֹא בַּבַּיִת.	מ	ה
4	כָּל הַמִּשְׁפָּחָה רוֹצָה לַעֲסוֹק בְּדִבְרֵי תּוֹרָה.	ו	י
5	שְׁלֹמֹה רוֹצֶה לִלְמֹד דִּבְרֵי תּוֹרָה.	ל	ד
6	שְׁלֹמֹה רוֹצֶה לַעֲשׂוֹת מִצְוָה.	ג	ת
7	אַבָּא הוֹלֵךְ לַחֶדֶר שֶׁל שְׁלֹמֹה.	ו	א
8	גַּם מִרְיָם רוֹצָה לִלְמֹד לִפְנֵי הָאֲרוּחָה.	ר	ח
9	אִמָּא אוֹמֶרֶת לִשְׁלֹמֹה: זְמַן לֶאֱכֹל.	ס	ה
10	אַבָּא רוֹצֶה לֶאֱכֹל.	כ	ע
11	אִמָּא יוֹשֶׁבֶת וְלוֹמֶדֶת בְּרָכוֹת.	נ	ק
12	הַמּוֹרֶה בַּבַּיִת שֶׁל מִרְיָם.	ג	ב
13	הַמּוֹרֶה אָמַר שֶׁה' קִדֵּשׁ אֶת הַיְּהוּדִים.	ן	ד
14	שְׁלֹמֹה רוֹצֶה לֶאֱכֹל אַחֲרֵי שֶׁהוּא לוֹמֵד.	ט	כ
15	מִרְיָם אוֹמֶרֶת שֶׁשְּׁלֹמֹה בַּחֶדֶר שֶׁלּוֹ.	ך	ל
16	ה' צִוָּה אוֹתָנוּ לֹא לֶאֱכֹל בְּשַׁבָּת.	ם	י

__ __ __   __ __ __ __   __ __ __ __   __ __ __ __ __

16 15 14   13 12 11 10   9 8 7 6   5 4 3 2 1

The study of Torah is equal to all other mitzvot.

Combinations

In Hebrew we have two ways of saying "He made us holy."

    We can say   קִדֵּשׁ אוֹתָנוּ

    or   קִדְּשָׁנוּ

To form the word קִדְּשָׁנוּ, what part of the word אוֹתָנוּ do we attach to the word קִדֵּשׁ? _____

What part of the word אוֹתָנוּ did we not use? _____

Complete the following diagram.

    _____ ← קִדֵּשׁ+אוֹתָנוּ

What does the suffix נוּ mean? _____

Connect each of these words to the two words below them that have the same meaning.

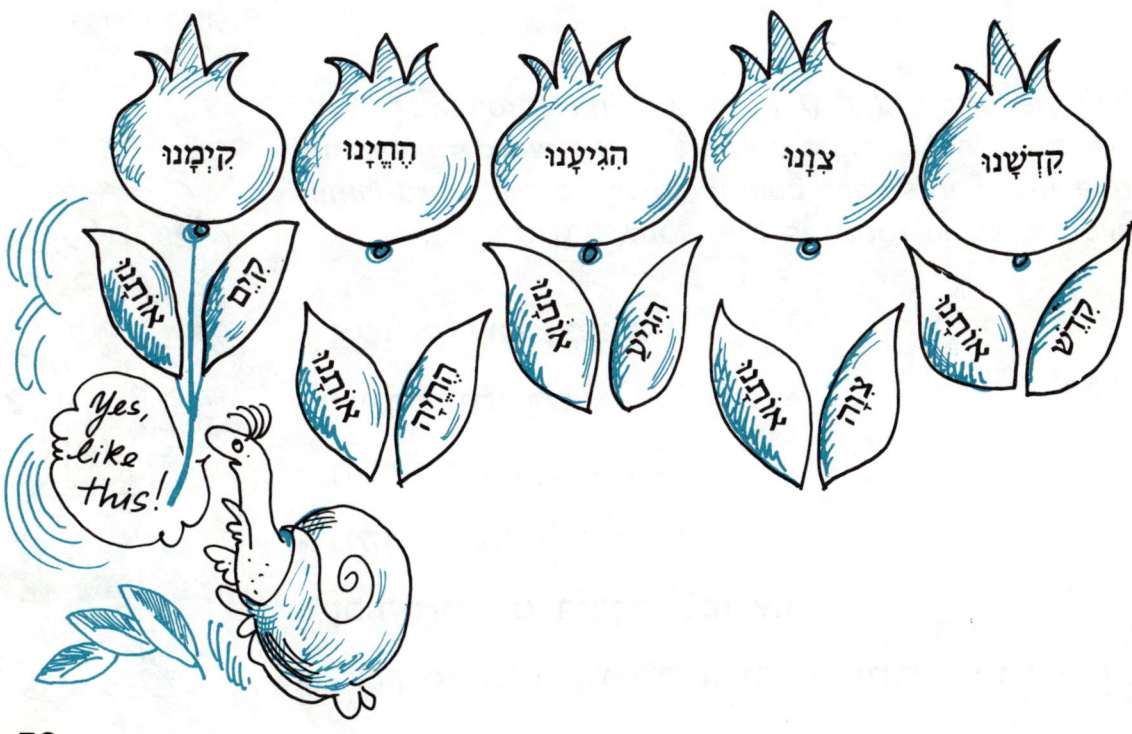

Match It

Write the number of the Hebrew phrase next to the English phrase that has the same meaning.

3 God made us holy.	ה׳ צִוָּה אוֹתָנוּ	1
__ creates the fruit of the tree	דִּבְרֵי תּוֹרָה	2
__ our God, King of the world	ה׳ קִדֵּשׁ אוֹתָנוּ	3
__ words of (the) Torah	מִצְווֹת שֶׁלּוֹ	4
__ God commanded us	אֱלֹהֵינוּ מֶלֶךְ הָעוֹלָם	5
__ bread from the earth	בּוֹרֵא פְּרִי הָעֵץ	6
__ who has kept us alive	בָּרוּךְ אַתָּה ה׳	7
__ this time	לֶחֶם מִן הָאָרֶץ	8
__ praised (blessed) are You, God	שֶׁהֶחֱיָנוּ	9
__ His commandments	הַזְּמַן הַזֶּה	10

Related Words

When the letters ק ד ש are found in Hebrew words, we know that "holy" must be part of the word's meaning. Circle the words that belong to the same word-family (have the same root) as the word קִדֵּשׁ.

1 אֲשֶׁר קִדְּשָׁנוּ בְּמִצְוֹתָיו

2 יִתְגַּדַּל וְיִתְקַדַּשׁ

3 הַקָּדוֹשׁ בָּרוּךְ הוּא

4 מְקַדֵּשׁ יִשְׂרָאֵל וְהַזְּמַנִּים

5 זָכוֹר אֶת יוֹם הַשַּׁבָּת לְקַדְּשׁוֹ

6 וַיְבָרֶךְ אֱלֹהִים אֶת יוֹם הַשְּׁבִיעִי וַיְקַדֵּשׁ אוֹתוֹ

מַה לֹּא מַתְאִים? What Doesn't Fit?

Find the verb that best completes each sentence. Cross out the misfit. Follow the example.

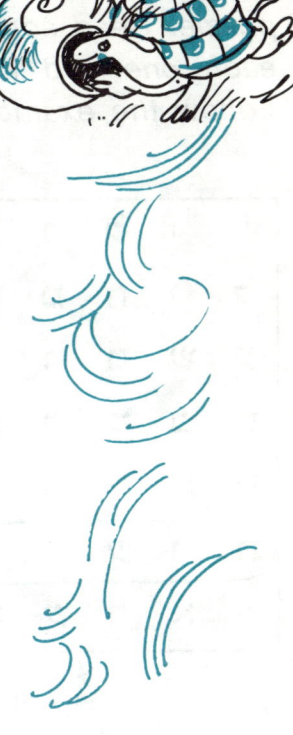

1 שְׁלֹמֹה (רוֹצֶה · רוֹצָה) לַעֲשׂוֹת מִצְוָה.

2 מִרְיָם (רוֹצֶה · רוֹצָה) לְסַפֵּר עַל יְצִיאַת מִצְרַיִם.

3 הֵם (רוֹצֶה · רוֹצִים) לַעֲסֹק בְּדִבְרֵי תוֹרָה.

4 הַיּוֹם אֲנַחְנוּ (רוֹצֶה · רוֹצִים) לִקְרֹא אֶת הַתְּפִלּוֹת.

5 לָמָּה אַתָּה לֹא (רוֹצֶה · רוֹצִים) לִרְאוֹת אֶת הַמּוֹרֶה?

6 הָאִישׁ רוֹצֶה (אוֹכֵל · לֶאֱכֹל) עַכְשָׁו.

7 גַּם הִיא רוֹצָה (אוֹכֶלֶת · לֶאֱכֹל) אֲרוּחַת־בֹּקֶר.

8 הַיַּלְדָּה לֹא רוֹצָה (הוֹלֶכֶת · לָלֶכֶת) הַבַּיְתָה.

9 דָּוִד וְיוֹסֵף רוֹצִים (לוֹמְדִים · לִלְמֹד) עִבְרִית.

10 הַתַּלְמִיד רוֹצֶה (לוֹמֵד · לִלְמֹד) בַּבַּיִת שֶׁלּוֹ.

Siddur Words

A word is missing in each Hebrew phrase. In the blank space, write the word that will make the Hebrew mean the same as the English. Follow the example.

1 אֲשֶׁר קִדְּשָׁנוּ בְּמִצְוֹתָיו — who made us holy with His commandments

2 ______ ה' אֱלֹהֵינוּ — He is God our God

3 לַעֲסֹק בְּדִבְרֵי ______ — to engage in the words of Torah

4 הַמּוֹצִיא לֶחֶם מִן הָ______ — brings forth bread from the earth

5 שִׂים שָׁלוֹם טוֹבָה וּ______ — grant peace, goodness and blessing

Word Puzzle

There are at least 16 Hebrew words hidden in this puzzle. Read across and/or down to find them. Circle each one and write it next to its English meaning. Follow the example.

ש	י	ל	ב	ה	ו	צ	מ
ל	ו	ח	מ	ש	ן	מ	א
ע	ש	ם	ו	י	ר	ב	ד
ס	ב	ק	ר	א	ח	ש	י
ק	ת	ד	ה	ב	ד	ל	א
ת	ו	ש	ע	ל	ר	ו	מ
ה	א	ר	ש	א	י	ם	ר

לעשות 1 to do

______ 2 (he) said

______ 3 but

______ 4 (she) sits

______ 5 mitzvah

______ 6 words of

______ 7 from

______ 8 very

______ 9 peace

______ 10 happy

______ 11 that

______ 12 (he) sits

______ 13 to engage (in)

______ 14 (he) commanded

______ 15 (he) made holy

______ 16 his

Can you find other Hebrew words hidden in the puzzle? Write them here.

______ ______ ______

______ ______ ______

Write the letters ק ד שׁ in each of the following phrases. Match each phrase with the picture that belongs to it.

אֲרוֹן ___ ___ ___ 1 holy ark

אֶרֶץ הַ___ ___ ___ 2 holy land

עִיר הַ___ ___ ___ 3 holy city

לְשׁוֹן הַ___ ___ ___ 4 holy language

בֵּית הַמִּ___ ___ ___ 5 holy temple

___ ___ וּ___ 6 Kiddush

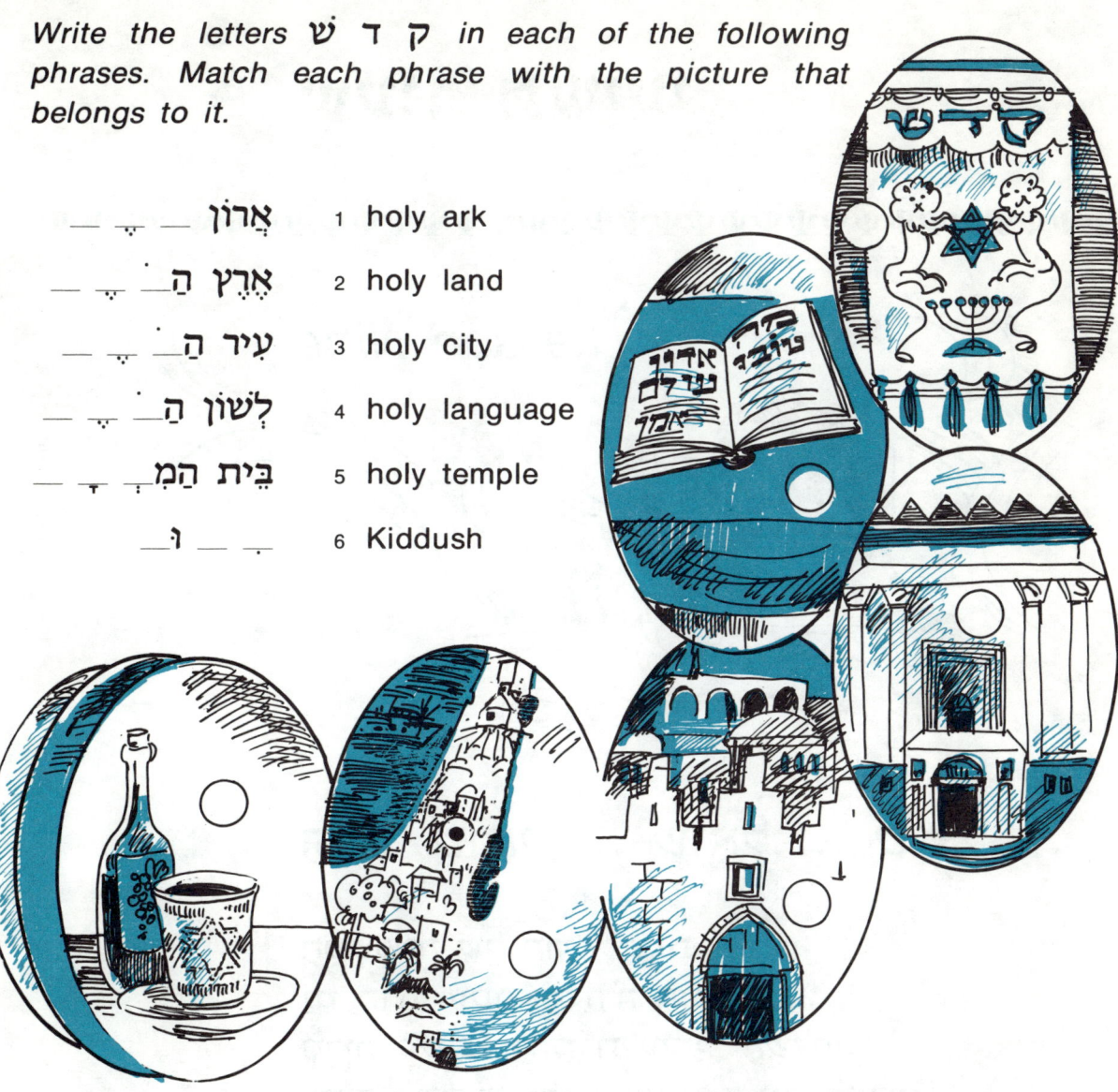

כְּתֹב בְּעִבְרִית *Write in Hebrew*

1 His teacher sits in the room.
2 She sits and studies.
3 He wants to study Torah.
4 Grandmother likes to tell about the family.
5 Grandfather said the blessings.
6 Who wants to do a mitzvah?

שִׁעוּר תְּשִׁיעִי

Lesson Nine

הַדּוֹד שׁוֹאֵל ... שׁוֹאֵל ... שׁוֹאֵל ...

הַמִּשְׁפָּחָה שֶׁל מִרְיָם בַּבַּיִת.
גַּם הַדּוֹד יוֹסֵף וְהַדּוֹדָה חַוָּה בַּבַּיִת.
מִרְיָם יוֹשֶׁבֶת וְלוֹמֶדֶת עַל־יַד הַשֻּׁלְחָן.
הַדּוֹד יוֹסֵף שׁוֹאֵל: מִרְיָם, מָה אַתְּ לוֹמֶדֶת?
מִרְיָם: אֲנִי לוֹמֶדֶת עַל מַעֲשֵׂה בְרֵאשִׁית.
הַדּוֹד שׁוֹאֵל: הַאִם אַתְּ יוֹדַעַת מִי בָּרָא אֶת הָאָרֶץ?
מִרְיָם: כֵּן, ה' בָּרָא אֶת הָאָרֶץ.
הַדּוֹד שׁוֹאֵל: וּמִי בָּרָא אֶת הַשָּׁמַיִם?
מִרְיָם: ה' בָּרָא אֶת הַשָּׁמַיִם וְאֶת הָאָרֶץ וְאֶת כָּל אֲשֶׁר בַּשָּׁמַיִם וּבָאָרֶץ בְּשִׁשָּׁה יָמִים.

הַדּוֹד: וְהַאִם אַתְּ יוֹדַעַת מַה בָּרָא ה׳ בַּיּוֹם הַשְּׁבִיעִי?
מִרְיָם: כֵּן, אֲנִי יוֹדַעַת. ה׳ לֹא בָּרָא דָּבָר בַּיּוֹם הַשְּׁבִיעִי.
הַדּוֹד: נָכוֹן, מִרְיָם, טוֹב מְאֹד!
ה׳ שָׁבַת בַּיּוֹם הַשְּׁבִיעִי מִכָּל הַמְּלָאכָה אֲשֶׁר עָשָׂה.
מִרְיָם: דּוֹד יוֹסֵף, אִם אַתָּה יוֹדֵעַ עַל מַעֲשֵׂה בְרֵאשִׁית, לָמָּה אַתָּה שׁוֹאֵל? הַאִם אַתָּה מוֹרֶה?
הַדּוֹד: מִרְיָם, אַתְּ יוֹדַעַת שֶׁאֲנִי לֹא מוֹרֶה. לָמָּה אַתְּ שׁוֹאֶלֶת אִם אֲנִי מוֹרֶה?
מִרְיָם: אַתָּה כְּמוֹ הַמּוֹרֶה שֶׁלִּי. גַּם הוּא יוֹדֵעַ אֶת הַכֹּל, אֲבָל הוּא שׁוֹאֵל ... שׁוֹאֵל ... שׁוֹאֵל ...

מִלּוֹן *Words to Know*

בָּרָא	he created
דָּבָר	thing
יוֹם, יָמִים	day(s)
יוֹם הַשְּׁבִיעִי	seventh day
מְלָאכָה	work
מַעֲשֵׂה בְרֵאשִׁית	work of creation
עָשָׂה	he did, made
שָׁבַת	he rested
שׁוֹאֵל, שׁוֹאֶלֶת	asks (m., f.s.)
שָׁמַיִם	sky
שִׁשָּׁה	six

מָה חָסֵר? *What's Missing?*

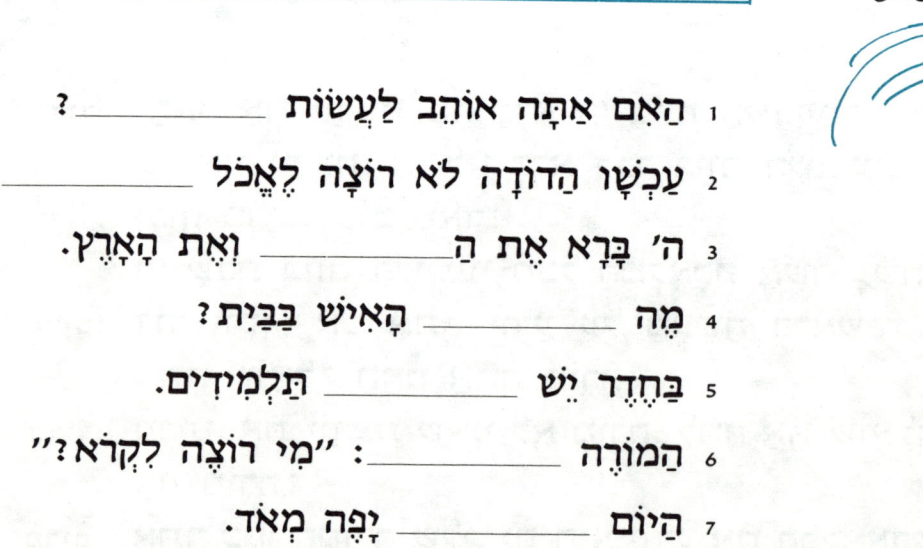

Find the word in the Word Box that best completes each sentence and write it in the blank space.

שִׁשָּׁה · שָׁבַת · מְלָאכָה · חָדָשׁ · שָׁמַיִם · דָּבָר · שׁוֹאֵל · בּוֹרֵא · עָשָׂה · יוֹם

1 הַאִם אַתָּה אוֹהֵב לַעֲשׂוֹת __________?

2 עַכְשָׁו הַדּוֹדָה לֹא רוֹצָה לֶאֱכֹל __________.

3 ה' בָּרָא אֶת הַ__________ וְאֶת הָאָרֶץ.

4 מֶה __________ הָאִישׁ בַּבַּיִת?

5 בַּחֶדֶר יֵשׁ __________ תַּלְמִידִים.

6 הַמּוֹרֶה __________: "מִי רוֹצֶה לִקְרֹא?"

7 הַיּוֹם __________ יָפֶה מְאֹד.

8 ה' __________ בַּיּוֹם הַשְּׁבִיעִי.

מַה הַסוֹף? — What's the End?

Put a check next to the phrase that best completes each sentence according to the story.

1 הַדוֹד יוֹסֵף ...

א לוֹמֵד עַל־יַד הַשֻּׁלְחָן.
ב בַּבַּיִת שֶׁל מִרְיָם.
ג עָשָׂה מְלָאכָה בַּבַּיִת שֶׁלוֹ.

2 מִרְיָם ...

א לוֹמֶדֶת עַל מַעֲשֵׂה בְרֵאשִׁית.
ב לֹא יוֹדַעַת מִי בָּרָא אֶת הָאָרֶץ.
ג יוֹשֶׁבֶת בַּבַּיִת שֶׁל הַדוֹד וְהַדוֹדָה.

3 מִרְיָם אוֹמֶרֶת ...

א שֶׁהַדוֹדָה חַנָה מוֹרָה טוֹבָה.
ב שֶׁהַדוֹד יוֹסֵף כְּמוֹ מוֹרֶה.
ג שֶׁאַבָּא יוֹדֵעַ אֶת הַכֹּל.

4 הַדוֹד שׁוֹאֵל ...

א לָמָה עָשָׂה ה' מְלָאכָה?
ב מָה עָשָׂה הַמוֹרֶה?
ג מִי בָּרָא אֶת הַשָּׁמַיִם וְאֶת הָאָרֶץ?

בִּינְגוֹ   Bingo

Match the English words on the right with a Hebrew word on the Bingo card. Write the number of the English word in the square and circle your answer.

Continue to match words until you have four circled Hebrew words in a row — horizontally, vertically, or diagonally.
That gives you בִּינְגוֹ — and you have won!

שׁוֹאֶלֶת	קִדֵּשׁ	אֶרֶץ	יוֹשֵׁב
אֲשֶׁר	נָתַן	שָׁבַת	לָנוּ
עָשָׂה	אוֹתָנוּ	מֶלֶךְ	בָּרָא
מְלָאכָה	צִוָּה	אָמַר	עוֹלָם

1 she asks
2 to us
3 he created
4 land
5 work
6 he gave
7 king
8 that, who
9 he made holy
10 he said
11 he rested
12 he commanded
13 world
14 he sits
15 he did, made
16 us

If you can match **all** the English words with their Hebrew meanings, you will have בִּינְגוֹ ten ways! See if you can fill the entire card.

88

Attached Words

*Each two Hebrew words are **almost** alike, but there is an important difference between them. Can you find it? Write a check next to the Hebrew word that means the same as the English. Follow the example.*

1	to the room	__ לְחֶדֶר	✓__ לַחֶדֶר
2	to a house	__ לְבַיִת	__ לַבַּיִת
3	to the classroom	__ לְכִתָּה	__ לַכִּתָּה
4	to a student	__ לְתַלְמִיד	__ לַתַּלְמִיד
5	to the table	__ לְשֻׁלְחָן	__ לַשֻּׁלְחָן
6	to the king	__ לְמֶלֶךְ	__ לַמֶּלֶךְ

Complete each sentence by attaching one or more of these particles וְ הַ בְּ בַּ לְ לַ to one of the words. The English on the left will help you decide which particle(s) to choose. Follow the example.

the	1	הָעוּגָה עַל הַ‏__שֻּׁלְחָן.
in the	2	הַתַּלְמִידִים ___כִּתָּה עַכְשָׁו.
the	3	הָאִישׁ לֹא עָשָׂה אֶת ___מְלָאכָה.
in	4	ה׳ בָּרָא אֶת הָעוֹלָם ___שִׁשָּׁה יָמִים.
to the	5	הַמּוֹרֶה בָּא ___חֶדֶר.
and the	6	הַדּוֹד ___דּוֹדָה עַל־יַד הַשֻּׁלְחָן.
to a	7	חַנָּה רוֹצָה לָלֶכֶת ___בַּיִת גָּדוֹל.
and	8	הוּא יוֹשֵׁב בַּחֶדֶר ___לוֹמֵד תּוֹרָה.
and to the	9	סַבָּא נָתַן סֵפֶר לַיֶּלֶד ___יַלְדָּה.

A Guilty Conscience

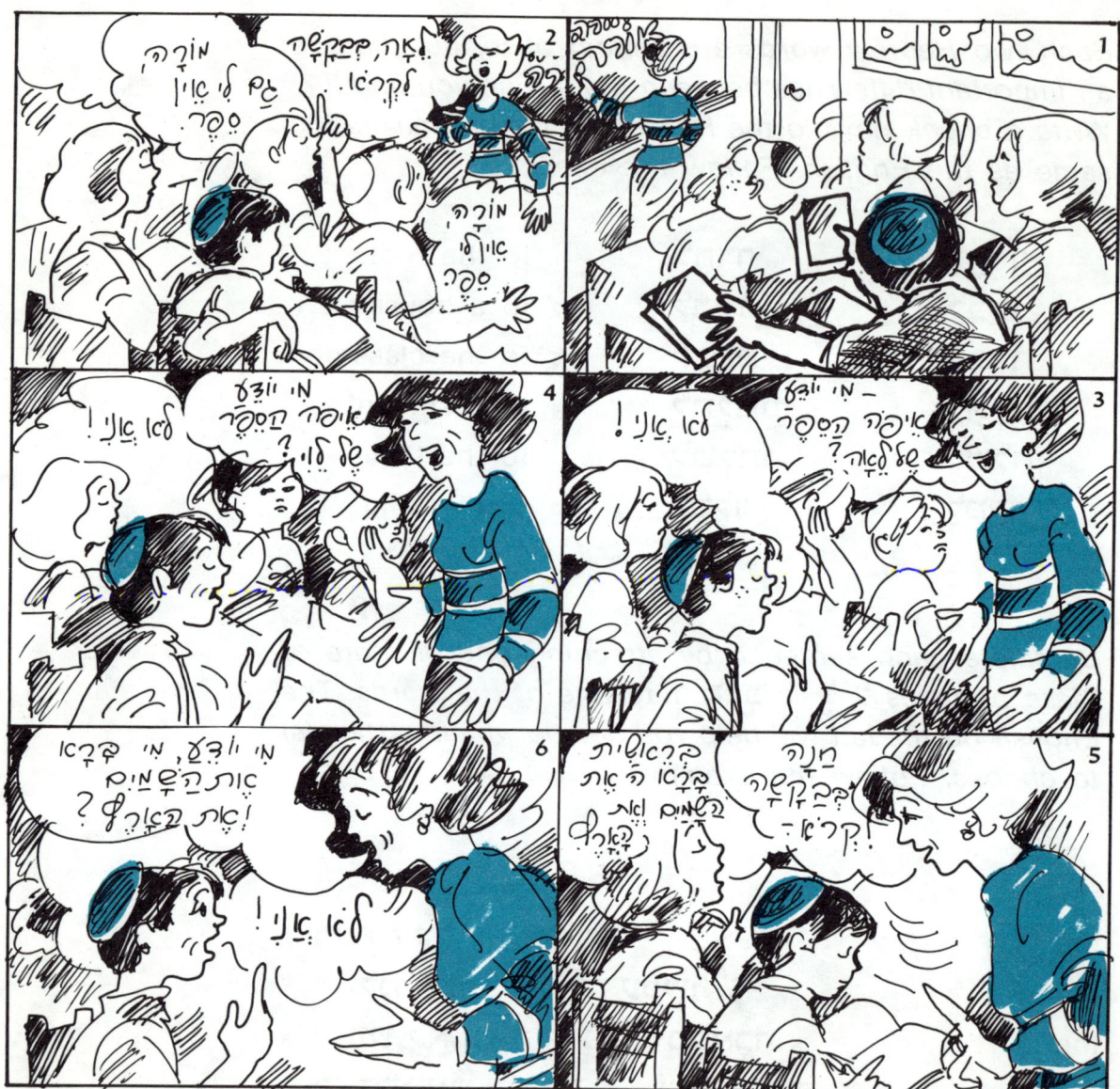

Write the teacher's last question. _____

_____

Write the correct answer. _____

קָדוֹשׁ Kiddush

Here are some phrases from the Sabbath eve Kiddush. Can you find a familiar word in each of the underlined words? Write the Hebrew word in the blank space and its English meaning next to it. If you need some hints, the answers are at the end of the exercise but the letters are scrambled, so watch out!

1 קִדְּשָׁנוּ בְּמִצְוֹתָיו   Commandments מִצְוֹת
2 מְלַאכְתּוֹ אֲשֶׁר עָשָׂה   _____ _____
3 וַיִּשְׁבֹּת בַּיּוֹם הַשְּׁבִיעִי   _____ _____
4 וַיְבָרֶךְ ה'   _____ _____
5 וַיְקַדֵּשׁ אוֹתוֹ   _____ _____

| שׁדק | אלמהכ | רודב | בשׁת |

כְּתֹב בְּעִבְרִית   Write in Hebrew

1 Who created the world?
2 He rested on the seventh day.
3 She likes the work.
4 She wants to see the sky.
5 My uncle did the work in the house.

שִׁעוּר עֲשִׂירִי

Lesson Ten

כּוֹס חֲדָשָׁה

יוֹם הַשִּׁשִּׁי.

כַּאֲשֶׁר אָדוֹן רוֹזֶן בָּא הַבַּיְתָה, רִנָּה אוֹמֶרֶת: אַבָּא, יֵשׁ לָנוּ כּוֹס חֲדָשָׁה לְקִדּוּשׁ.

רְאוּבֵן אוֹמֵר: אַבָּא, הַכּוֹס מֵאֶרֶץ יִשְׂרָאֵל.

אָדוֹן רוֹזֶן שׁוֹאֵל: מִי נָתַן לָנוּ אֶת הַכּוֹס הַזֹּאת לְקִדּוּשׁ?

רִנָּה: סַבָּא נָתַן לָנוּ אֶת הַכּוֹס.

רְאוּבֵן: סַבָּא כָּתַב: ״בְּאַהֲבָה וּבְרָצוֹן אֲנִי נוֹתֵן לַמִּשְׁפָּחָה שֶׁלִּי כּוֹס לְקִדּוּשׁ מֵאֶרֶץ יִשְׂרָאֵל.״

אַבָּא: הַכּוֹס יָפָה מְאֹד.

רְאוּבֵן: (לְרִנָּה) הָעֶרֶב, אַחֲרֵי שֶׁאַבָּא אוֹמֵר אֶת הַקִּדּוּשׁ, אֲנִי שׁוֹתֶה תְּחִלָּה מִן הַכּוֹס.

רִנָּה: לֹא! הָעֶרֶב אֲנִי שׁוֹתָה תְּחִלָּה מִן הַכּוֹס הַחֲדָשָׁה.

רְאוּבֵן: רִנָּה, אַתְּ לֹא יוֹדַעַת אֶת הַקִּדּוּשׁ. אֲנִי שׁוֹתֶה תְּחִלָּה כִּי אֲנִי יוֹדֵעַ אֶת הַקִּדּוּשׁ.

רִנָּה: אִמָּא, רְאוּבֵן אוֹמֵר שֶׁאֲנִי לֹא יוֹדַעַת אֶת הַקִּדּוּשׁ.

אִמָּא: יְלָדִים, בְּשַׁבָּת אֲנִי רוֹצָה שָׁלוֹם וְאַהֲבָה בַּבַּיִת.

אַבָּא: יְלָדִים, הָעֶרֶב כֻּלָּנוּ אוֹמְרִים אֶת הַקִּדּוּשׁ יַחַד.

ו ־־: כֻּלָּנוּ שׁוֹתִים מִן הַכּוֹס הַחֲדָשָׁה, כִּי גַּם אֲנִי רוֹצֶה

י .ם וְאַהֲבָה בַּבַּיִת בְּשַׁבָּת.

מִלוֹן Words to Know

אַהֲבָה	love
בְּרָצוֹן	willingly
חֲדָשָׁה	new (f.s.)
יוֹם שִׁשִּׁי	Friday
יַחַד	together
יִשְׂרָאֵל	Israel
כּוֹס	cup, glass (f.)
כֻּלָּנוּ	all of us
כָּתַב	he wrote
עֶרֶב	evening
הָעֶרֶב	this evening
קִדּוּשׁ	Kiddush
שׁוֹתֶה, שׁוֹתָה, שׁוֹתִים	drink(s)
תְּחִלָּה	first

מָה מַתְאִים? What Fits?

Circle the verb in parentheses that best completes the sentence.

1 אִמָּא (שׁוֹתֶה · שׁוֹתָה · שׁוֹתִים) יַיִן מִן הַכּוֹס.

2 הָאִישׁ (שׁוֹאֵל · שׁוֹאֶלֶת · שׁוֹאֲלִים): "אֵיפֹה אֶרֶץ יִשְׂרָאֵל?"

3 בְּשַׁבָּת אֲנַחְנוּ (אוֹמֵר · אוֹמֶרֶת · אוֹמְרִים) אֶת הַקִּדּוּשׁ.

4 לָמָּה אַתָּה (רוֹצֶה · רוֹצָה · רוֹצִים) לִרְאוֹת אֶת הַשָּׁמַיִם?

5 סַבְתָּא (אוֹהֵב · אוֹהֶבֶת · אוֹהֲבִים) לַעֲשׂוֹת מִצְווֹת.

6 הָעֶרֶב אוֹרְחִים (בָּא · בָּאָה · בָּאִים) לַחֲגִיגָה.

Odd Sentence Out

There are three sentences next to each picture. Two of the sentences belong to the picture and one does not. Place an X next to the one that does not.

( ) אִמָּא נוֹתֶנֶת כּוֹס חָלָב לַיַּלְדָּה תְּחִלָּה.

( ) הַיֶּלֶד נוֹתֵן כּוֹס חָלָב לַיַּלְדָּה.

( ) לְאִמָּא יֵשׁ כּוֹס בִּשְׁבִיל הַיֶּלֶד וְכוֹס בִּשְׁבִיל הַיַּלְדָּה.

( ) הָאִישׁ שׁוֹתֶה יַיִן.

( ) בַּכּוֹס יֵשׁ יַיִן.

( ) הַיַּיִן מֵאֶרֶץ יִשְׂרָאֵל.

( ) הוּא כָּתַב לַמִּשְׁפָּחָה מֵאֶרֶץ יִשְׂרָאֵל.

( ) הוּא כָּתַב שֶׁיִּשְׂרָאֵל אֶרֶץ יָפָה.

( ) כָּל הַמִּשְׁפָּחָה בְּאֶרֶץ יִשְׂרָאֵל.

( ) אַבָּא אוֹמֵר אֶת הַקִּדּוּשׁ.

( ) אַבָּא אוֹמֵר בְּרָכָה עַל הַתּוֹרָה.

( ) אַבָּא אוֹמֵר בְּרָכָה עַל הַיַּיִן.

A Number Code

Write the Hebrew word that means the same as the English. Write one letter in each blank space. Leave out the vowels.
Now write every letter that has a number under it in the numbered spaces at the bottom of the page.

The קִדּוּשׁ tells us that the Shabbat is observed in remembrance of two events. One event is the Exodus from Egypt. The number code will tell you the other event.

___ ___ ___ land
     6

___ ___ ___ he asks
   7

___ ___ ___ (we) drink
      8

___ ___ ___ ___ Friday
9

___ ___ ___ he wrote
 10

___ ___ ___ sky
 1

___ ___ ___ evening
    2

___ ___ he did
   3

___ ___ ___ love
  4

___ ___ ___ for
    5

___ ___ ___ ___ ___ ___ ___ ___ ___ ___
10 9   8   7   6   5   4   3   2   1

Word Family מִשְׁפַּחַת מִלִים

These words belong to four different word-families (roots). Show where each word belongs by putting it in the right house. Follow the example.

1 לִמוּד   5 לוֹמֵד   9 אוֹהֶבֶת   13 לִלְמֹד
2 אַהֲבָה   6 אוֹהֵב   10 וַיְבָרֶךְ   14 וַיְקַדֵּשׁ
3 בָּרוּךְ 7 קַדֵּשׁ   11 קִדְּשָׁנוּ 15 בְּרָכוֹת
4 קָדוֹשׁ   8 בְּרָכָה 12 תַּלְמִיד   16 אוֹהֲבִים

Did you place four words in each house? _____
What makes the words in each house into a family?
_____

Word Squares

How many words can you form from the group of letters in each square? You may use each letter as many times as you wish, and you may also rearrange them. Watch out! Hebrew spelling counts.

נ	וֹ	ק
ד	ה	ח
י	שׁ	ר

1 ______________

2 ______________

3 ______________

4 ______________

5 ______________

6 ______________

7 ______________

8 ______________

9 ______________

10 ______________

11 ______________

12 ______________

וּ	כ	בּ
ר	י	ךְ
א	ת	ה

1 ______________

2 ______________

3 ______________

4 ______________

5 ______________

6 ______________

7 ______________

8 ______________

9 ______________

10 ______________

11 ______________

12 ______________

Attached Words

Underline each word that has a part meaning "from" attached to it. Circle the part of the word that means "from."

1 הַכּוֹס מֵאֶרֶץ יִשְׂרָאֵל.

2 מִמִּצְרַיִם לְאֶרֶץ יִשְׂרָאֵל.

3 אִמָּא מוֹצִיאָה עוּגָה מֵהָאָרוֹן.

4 מִבַּיִת לְבַיִת.

5 ה' שָׁבַת מִכָּל הַמְּלָאכָה שֶׁלּוֹ.

Check the Hebrew word that means the same as the English.

__ בָּעוֹלָם	__ הָעוֹלָם	__ לְעוֹלָם	1	the world
__ בְּאַהֲבָה	__ מֵאַהֲבָה	__ וְאַהֲבָה	2	with love
__ מֵהַמִּשְׁפָּחָה	__ הַמִּשְׁפָּחָה	__ לַמִּשְׁפָּחָה	3	to the family
__ וְשַׁבָּת	__ לְשַׁבָּת	__ הַשַׁבָּת	4	and Shabbat
__ מִכָּל	__ בְּכָל	__ לְכָל	5	from all
__ זְמַן	__ הַזְּמַן	__ לַזְּמַן	6	to the time
__ בְּאֶרֶץ	__ מֵאֶרֶץ	__ וְאֶרֶץ	7	in a land
__ הַשָּׁמַיִם	__ לַשָּׁמַיִם	__ בַּשָּׁמַיִם	8	to the sky

מַעֲשֵׂה בְרֵאשִׁית

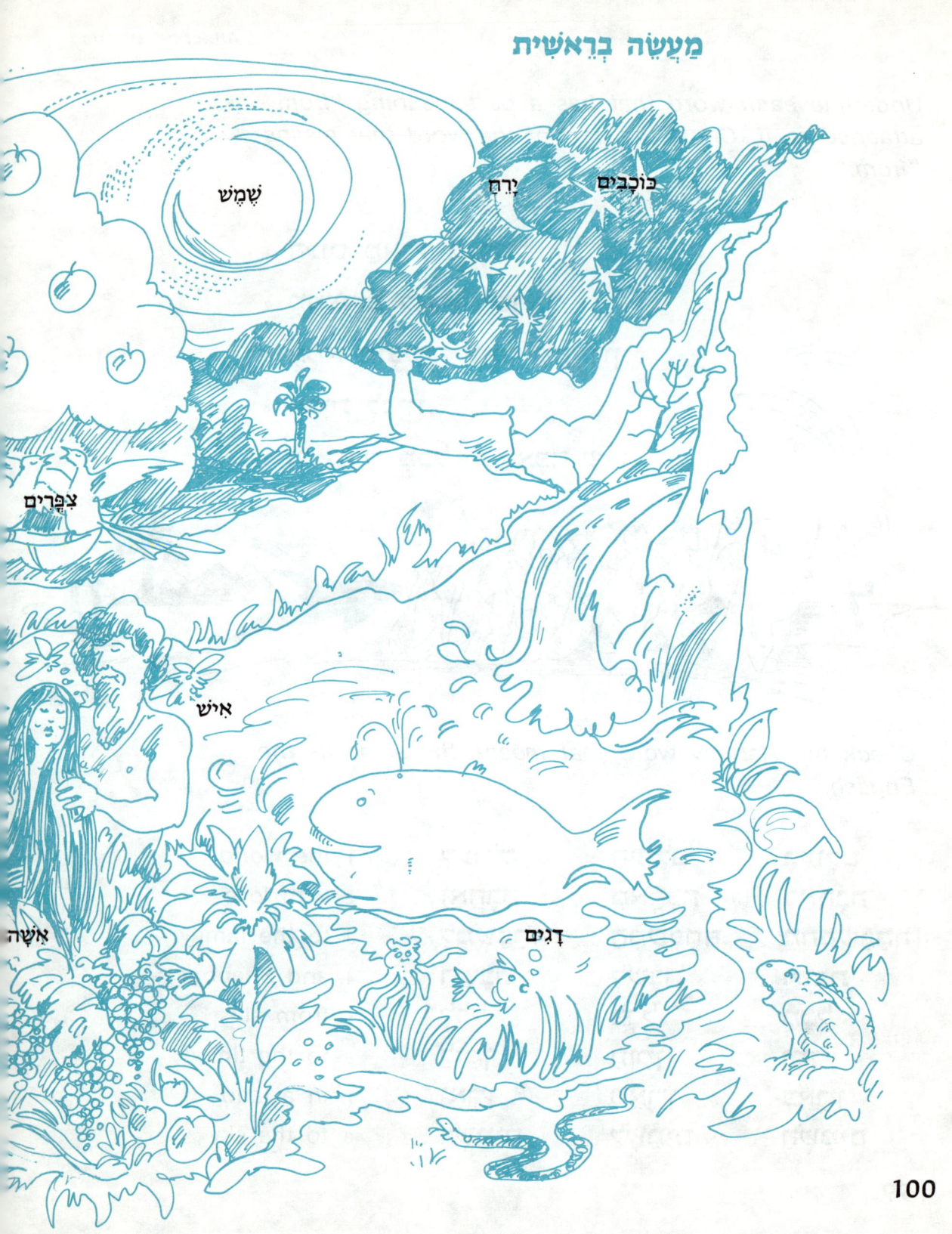

Complete the story of Creation by writing in the missing words. You may refer to the picture clues for help. Follow the example.

1 בְּיוֹם רִאשׁוֹן, _____ בָּרָא אוֹר. (light)

2 בְּיוֹם שֵׁנִי, ה' בָּרָא _____ .

3 בְּיוֹם שְׁלִישִׁי, ה' _____ אֶרֶץ, _____ וְ_____ .

4 בְּיוֹם רְבִיעִי, _____ _____ , יָרֵחַ וְכוֹכָבִים.

5 _____ חֲמִישִׁי, _____ _____ וְצִפֳּרִים.

6 _____ , אִשָּׁה

וְ_____ .

7 _____ ה' שָׁבַת מִכָּל הַמְּלָאכָה שֶׁלּוֹ.

101

קִדּוּשׁ Kiddush

Here are phrases from the קִדּוּשׁ recited on Friday night.

Read each Hebrew phrase. Can you understand it? Match the English translation with the Hebrew by writing the number of the Hebrew phrase in the blank space.

1. וַיְהִי עֶרֶב וַיְהִי בֹקֶר יוֹם הַשִּׁשִּׁי.
2. וַיְכֻלּוּ הַשָּׁמַיִם וְהָאָרֶץ וְכָל צְבָאָם.
3. וַיְכַל אֱלֹהִים בַּיּוֹם הַשְּׁבִיעִי מְלַאכְתּוֹ אֲשֶׁר עָשָׂה.
4. וַיִּשְׁבֹּת בַּיּוֹם הַשְּׁבִיעִי מִכָּל מְלַאכְתּוֹ אֲשֶׁר עָשָׂה.
5. וַיְבָרֶךְ אֱלֹהִים אֶת יוֹם הַשְּׁבִיעִי
6. וַיְקַדֵּשׁ אוֹתוֹ
7. כִּי בוֹ שָׁבַת מִכָּל מְלַאכְתּוֹ
8. אֲשֶׁר בָּרָא אֱלֹהִים לַעֲשׂוֹת.

____ On the seventh day, God finished the work that He had done.

____ He rested on the seventh day from all the work he did.

____ And there was evening and there was morning, the sixth day.

____ and He made it holy

____ The sky and the earth and everything in them were finished.

____ which God created and made

____ And God blessed the seventh day

____ because on it He rested from all His work

חַפֵּשׂ אֶת הַמִּלָּה *Hunt the Word*

Circle the Hebrew word that means the same as the English.

1 new — בַּכִּתָּה יֵשׁ תַּלְמִידָה חֲדָשָׁה.

2 willingly — ה׳ נָתַן לָנוּ אֶת הַשַּׁבָּת בְּרָצוֹן.

3 love — בַּבַּיִת שֶׁלִּי יֵשׁ אַהֲבָה וְשָׁלוֹם.

4 evening — סַבָּא לוֹמֵד תּוֹרָה בְּכָל עֶרֶב.

5 first — הַמּוֹרֶה בָּא לַכִּתָּה תְּחִלָּה.

6 together — בְּיוֹם שִׁשִּׁי אֲנַחְנוּ אוֹכְלִים יַחַד.

כְּתֹב בְּעִבְרִית *Write in Hebrew*

1 The cup and the wine (are) on the table.
2 The teacher gave chalk to a student.
3 The pictures (are) from Israel.
4 The prayers (are) in the prayerbook.
5 She walks to the room.
6 They want peace in the world.

שִׁעוּר אַחַד עָשָׂר

Lesson Eleven

פְּרָחִים לְשַׁבָּת

בַּיוֹם הַשִּׁשִׁי, צְבִי וְרָחֵל גִּילְמַן הוֹלְכִים הַבַּיְתָה.

רָחֵל: (לִצְבִי) הַיּוֹם הַמּוֹרָה אָמַר שֶׁבְּאֶרֶץ יִשְׂרָאֵל כָּל הָעָם שׁוֹמֵר אֶת הַשַּׁבָּת.

צְבִי: הַיּוֹם הַמּוֹרֶה שֶׁלִּי אָמַר דָּבָר יָפֶה גַם כֵּן. הוּא אָמַר שֶׁבְּכָל בַּיִת יְהוּדִי בְּאֶרֶץ יִשְׂרָאֵל יֵשׁ פְּרָחִים לִכְבוֹד הַשַּׁבָּת.

רָחֵל: לָמָּה אֵין פְּרָחִים בַּבַּיִת שֶׁלָּנוּ לִכְבוֹד הַשַּׁבָּת?

צְבִי: אֲנִי חוֹשֵׁב שֶׁבַּגִּנָּה שֶׁל הַדּוֹד יֵשׁ פְּרָחִים. אֲנִי הוֹלֵךְ לַגִּנָּה שֶׁלוֹ עַכְשָׁו.

רָחֵל: גַם אֲנִי רוֹצָה לָלֶכֶת לַגִּנָּה שֶׁל הַדּוֹד.

צְבִי: רָחֵל, אֲנִי הוֹלֵךְ לַגִּנָּה וְאַתְּ הוֹלֶכֶת הַבַּיְתָה.

רָחֵל: וְאִם אִמָּא שׁוֹאֶלֶת "אֵיפֹה צְבִי?" מָה אֲנִי אוֹמֶרֶת לְאִמָּא?

צְבִי: אַתְּ אוֹמֶרֶת שֶׁאַתְּ לֹא יוֹדַעַת.

רָחֵל: אֲבָל אֲנִי כֵּן יוֹדַעַת.

צְבִי: נוּ, אַתְּ אוֹמֶרֶת שֶׁאַתְּ לֹא זוֹכֶרֶת.

כַּאֲשֶׁר רָחֵל בָּאָה הַבַּיְתָה, אִמָּא שׁוֹאֶלֶת: אֵיפֹה צְבִי? לָמָּה הוּא לֹא בַּבַּיִת?

רָחֵל: אֲנִי לֹא זוֹכֶרֶת.

אִמָּא: רָחֵל, זְמַן לְהַדְלִיק נֵרוֹת שֶׁל שַׁבָּת. אֵיפֹה הַנֵּרוֹת?

רָחֵל: אֵיפֹה הַנֵּרוֹת? אֲנִי לֹא זוֹכֶרֶת אֵיפֹה הַנֵּרוֹת.

אִמָּא: מָה אַתְּ אוֹמֶרֶת? אַתְּ אוֹמֶרֶת שֶׁאַתְּ לֹא זוֹכֶרֶת אֵיפֹה צְבִי, וְאַתְּ לֹא זוֹכֶרֶת אֵיפֹה הַנֵּרוֹת.

רָחֵל: אִמָּא, הִנֵּה צְבִי בָּא.

צְבִי בָּא הַבַּיְתָה.

אִמָּא: צְבִי, הַאִם אַתָּה יוֹדֵעַ שֶׁעַכְשָׁו זְמַן לְהַדְלִיק נֵרוֹת שֶׁל שַׁבָּת?

צְבִי נוֹתֵן אֶת הַפְּרָחִים לְאִמָּא וְאוֹמֵר: אִמָּא, הִנֵּה פְּרָחִים לִכְבוֹד שַׁבָּת.

רָחֵל: צְבִי, אַתָּה בָּחַרְתָּ בִּפְרָחִים יָפִים בִּשְׁבִיל אִמָּא.

אִמָּא: תּוֹדָה, צְבִי. הַפְּרָחִים יָפִים מְאֹד.

צְבִי וְרָחֵל: אִמָּא, אַתְּ הַטּוֹבָה מִכָּל הָאִמָּהוֹת.

אֵין אֵם טוֹבָה כְּמוֹ אִמָּא שֶׁלָּנוּ.

אִמָּא: אֲנִי בְּרוּכָה כִּי ה' נָתַן לִי יְלָדִים יָפִים וְטוֹבִים.

מִלּוֹן Words To Know

mother(s)	אֵם, אִמָּהוֹת	in honor of	לִכְבוֹד
come(s) (f.s.)	בָּאָה	candle(s)	נֵר, נֵרוֹת
you chose	בָּחַרְתָּ	nation(s)	עַם, עַמִּים
garden	גִּנָּה	flower(s)	פֶּרַח, פְּרָחִים
walk(s) (m.s.)	הוֹלֵךְ	keep(s), observe(s) (m.s.)	שׁוֹמֵר
remember(s) (m.,f.s.)	זוֹכֵר, זוֹכֶרֶת	our	שֶׁלָּנוּ
to light, kindle	לְהַדְלִיק		

מַה וְלָמָּה? What and Why?

Answer each question in a complete Hebrew sentence.

1 מָה אָמַר הַמּוֹרֶה שֶׁל רָחֵל?

2 מָה אָמַר הַמּוֹרֶה שֶׁל צְבִי?

3 לָמָּה הוֹלֵךְ צְבִי לַגִּנָּה שֶׁל הַדּוֹד?

4 מַה שּׁוֹאֶלֶת אִמָּא אֶת רָחֵל?

5 מַה רוֹצָה הָאֵם לַעֲשׂוֹת?

6 מָה אוֹמֶרֶת רָחֵל עַל הַפְּרָחִים?

הַקֶּשֶׁר הָעִבְרִי The Hebrew Connection

Match each picture with the most suitable Hebrew sentence.

( ) הַתַּלְמִיד לוֹמֵד בְּאַהֲבָה וּבְרָצוֹן.

( ) הַתַּלְמִיד עָשָׂה אֶת הַמְּלָאכָה בְּרָצוֹן.

( ) הַתַּלְמִיד לֹא רוֹצֶה לִלְמֹד.

( ) הַנֵּרוֹת בָּאָרוֹן.

( ) הַיֶּלֶד רוֹצֶה לְהַדְלִיק אֶת הַנֵּרוֹת.

( ) הוּא אוֹכֵל אֶת כָּל הָעוּגָה.

( ) הִיא נוֹתֶנֶת פְּרָחִים לַמּוֹרָה.

( ) בַּגִּנָּה יֵשׁ פְּרָחִים יָפִים.

( ) הִיא לֹא זוֹכֶרֶת אֵיפֹה הַמּוֹרָה.

( ) הוּא שׁוֹמֵר אֶת יוֹם הַשִּׁשִּׁי.

( ) הוּא לוֹמֵד עַל עַם יִשְׂרָאֵל.

( ) הוּא לוֹמֵד עַל מַעֲשֵׂה בְּרֵאשִׁית.

מָה חָסֵר? What's Missing?

Find the word in the Word Box that best completes each sentence.

1 סַבָּא שֶׁלִּי ______ אֶת הַשַּׁבָּת.

2 הִיא בָּאָה לַחֶדֶר ______.

3 לָמָּה אַתָּה ______ לַגִּנָּה עַכְשָׁו?

4 גְּבֶרֶת גִילְמַן הָ______ שֶׁל צְבִי.

5 מָתַי הוּא ______ אֶת הַמְּלָאכָה?

6 הָעֶרֶב יֵשׁ חֲגִיגָה בַּבַּיִת ______.

7 הָאִישׁ לֹא ______ אֵיפֹה הַנֵּרוֹת.

8 הַאִם אַתְּ ______ אֶת הַבְּרָכָה עַל הַיַּיִן?

9 בְּכָל ______ אֲנִי לוֹמֵד דִּבְרֵי תּוֹרָה.

Word Box
בָּחַרְתָּ
יוֹדֵעַ
יוֹם
תְּחִלָּה
שׁוֹמֵר
זוֹכֶרֶת
הוֹלֵךְ
שֶׁלָּנוּ
עָשָׂה
אֵם
לְהַדְלִיק

Copy the words you have written into the vertical columns in the puzzle and you will discover the name of a song we sing on Friday night.

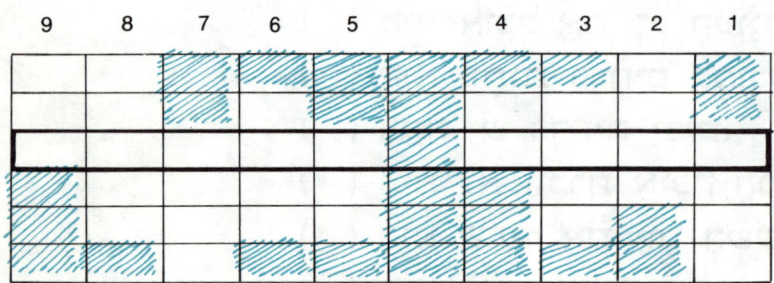

9	8	7	6	5		4	3	2	1

Write the name of the song. ______

There are at least 16 Hebrew words hidden in this puzzle. Find and circle them. Write each word next to its English meaning. Follow the example.

ל	ע	י	ת	ר	ח	ב	ע
ק	ם	ת	ו	ה	מ	א	ץ
ד	ר	ק	י	ל	ד	ה	ל
ו	נ	ל	כ	י	ל	ב	א
ש	ה	כ	נ	ן	מ	ה	ם
ע	ו	ב	ר	ל	א	ו	ש
ש	ל	ו	ו	ב	ר	ע	ל
ה	ך	ד	ת	ר	כ	ו	ז

לכבוד 1 in honor of

_______ 2 she remembers

_______ 3 tree

_______ 4 all of us

_______ 5 candles

_______ 6 you chose

_______ 7 mothers

_______ 8 kiddush

_______ 9 love

_______ 10 nation

_______ 11 to light

_______ 12 she comes

_______ 13 he asks

_______ 14 he walks

_______ 15 he made

_______ 16 evening

Can you find other Hebrew words hidden in the puzzle?

_______ _______ _______

_______ _______ _______

מַה נִשְׁתַּנָה? / Spot The Difference!

Each two Hebrew sentences or phrases are **almost** alike. But there is an important difference between them. Can you find it?
Check the Hebrew sentence or phrase that means the same as the English. Follow the example.

ה' הֶחֱיָנוּ וְקִיְּמָנוּ.	__	1	God who kept us alive and sustained us
ה' שֶׁהֶחֱיָנוּ וְקִיְּמָנוּ	✓		
הָאִישׁ עָשָׂה אֶת הַמְלָאכָה.	__	2	the man who did the work
הָאִישׁ שֶׁעָשָׂה אֶת הַמְלָאכָה	__		
הִיא אוֹמֶרֶת: "הַנֵּרוֹת בָּאָרוֹן."	__	3	She says: "The candles are in the closet."
הִיא אוֹמֶרֶת שֶׁהַנֵּרוֹת בָּאָרוֹן.	__		
הוּא אָמַר: "יֵשׁ פְּרָחִים בַּגִּנָּה."	__	4	He said that there are flowers in the garden.
הוּא אָמַר שֶׁיֵּשׁ פְּרָחִים בַּגִּנָּה.	__		
דָּוִד אוֹמֵר: "דִּינָה זוֹכֶרֶת אֶת הַתְּפִלּוֹת."	__	5	David says: "Dena remembers the prayers."
דָּוִד אוֹמֵר שֶׁדִּינָה זוֹכֶרֶת אֶת הַתְּפִלּוֹת.	__		
הַתַּלְמִיד הוֹלֵךְ לַחֶדֶר.	__	6	The student walks to the room.
הַתַּלְמִיד שֶׁהוֹלֵךְ לַחֶדֶר	__		
הַסִּדּוּר עַל הַשֻּׁלְחָן.	__	7	the prayerbook that is on the table
הַסִּדּוּר שֶׁעַל הַשֻּׁלְחָן	__		

Here are some phrases from the קִדּוּשׁ*.*
Underline the words that belong to the same word-family (have the same root) as קִדּוּשׁ *and circle the three letters that are in all of the words.*

1 אֲשֶׁר קִדְּשָׁנוּ בְּמִצְוֹתָיו

2 וְשַׁבַּת קָדְשׁוֹ בְּאַהֲבָה וּבְרָצוֹן הִנְחִילָנוּ

3 כִּי הוּא יוֹם תְּחִלָּה לְמִקְרָאֵי קֹדֶשׁ

4 וְאוֹתָנוּ קִדַּשְׁתָּ מִכָּל הָעַמִּים

5 וְשַׁבַּת קָדְשְׁךָ

6 בָּרוּךְ אַתָּה ה׳ מְקַדֵּשׁ הַשַּׁבָּת.

Write the three letters that all these words share.

____ ____ ____

What does the word-family (root) קדש mean? ________

Why is קִדּוּשׁ a good name for this prayer?

____

____

אמא, העוגה יפה, אני רוצה עוגה עכשיו.
לא עכשיו, יואל, אנחנו אוכלים את העוגה בערב.
לא עכשיו יואל. אתה ילד גדול. אתה יודע שבערב אנחנו אוכלים את העוגה
אני לא רוצה את העוגה בערב, אני רוצה לאכול עכשיו.
אמא, אני יודע את הברכה, אני רוצה להדליק את הנרות.
יואל, למן להדליק את הנרות של שבת.
יואל, אתה ילד קטן.
אני קטן ???
אמא מה אני עכשיו? קטן או גדול?
למה אתה שואל?
-אם אני קטן, אני רוצה עוגה עכשיו אבל אם אני גדול, אני רוצה להדליק את הנרות של שבת!

Attached Words

Read the Hebrew words in column 1. Add the Hebrew particles (small words) as directed in column 2. Write your answer in column 3. Follow the example.

3	2	1
בַּגִּנָּה	in the	גִּנָּה 1
_____	and the	עַם 2
_____	that	בָּחַרְתָּ 3
_____	to	אֶרֶץ יִשְׂרָאֵל 4
_____	with	רָצוֹן 5
_____	from	כּוֹס 6
_____	who	שׁוֹמֵר 7
_____	to the	שָׁמַיִם 8

כְּתֹב בְּעִבְרִית   Write in Hebrew

1 She remembers to light the candles.
2 He said that you keep (observe) the Shabbat.
3 She says that the flowers are pretty.
4 He walks to the room.
5 She studies Torah with love and willingly.

שִׁעוּר שְׁנֵים עָשָׂר

Lesson Twelve

מִי צוֹדֵק?

לֵיל שַׁבָּת. מִשְׁפַּחַת לִיבֶּרְמַן עַל־יַד הַשֻּׁלְחָן.
עַל הַשֻּׁלְחָן נֵרוֹת־שַׁבָּת, יַיִן, וְחַלּוֹת.
אָדוֹן לִיבֶּרְמַן שָׁר אֶת הַקִּדּוּשׁ עַל הַיַּיִן וְאוֹמֵר אֶת הַבְּרָכָה "הַמּוֹצִיא" עַל הַחַלּוֹת.
כָּל הַמִּשְׁפָּחָה אוֹמֶרֶת "אָמֵן."

כַּאֲשֶׁר הַמִּשְׁפָּחָה אוֹכֶלֶת, יְהוּדִית, הַבַּת הַגְּדוֹלָה, אוֹמֶרֶת:
בַּכִּתָּה שֶׁלָּנוּ לָמַדְנוּ שֶׁיּוֹם הַשַּׁבָּת זֵכֶר לִיצִיאַת מִצְרַיִם.
דְּבוֹרָה, הַבַּת הַקְּטַנָּה, אוֹמֶרֶת:
בַּכִּתָּה שֶׁלָּנוּ לָמַדְנוּ שֶׁיּוֹם הַשַּׁבָּת זֵכֶר לְמַעֲשֵׂה בְרֵאשִׁית.

אָדוֹן לִיבֶּרְמַן: יְהוּדִית, אַתְּ צוֹדֶקֶת. יוֹם הַשַּׁבָּת זֵכֶר לִיצִיאַת מִצְרַיִם.
דְּבוֹרָה, גַּם אַתְּ צוֹדֶקֶת. יוֹם הַשַּׁבָּת גַּם
זֵכֶר לְמַעֲשֵׂה בְרֵאשִׁית.

יוֹאֵל, הַבֵּן, אוֹמֵר: בַּכִּתָּה שֶׁלָּנוּ לָמַדְנוּ שֶׁה' בָּחַר בָּנוּ מִכָּל
הָעַמִּים וְנָתַן לָנוּ אֶת הַשַּׁבָּת, יוֹם מְנוּחָה.
לָמַדְנוּ גַּם שֶׁיּוֹם הַשַּׁבָּת יוֹם תְּחִלָּה לְמִקְרָאֵי קֹדֶשׁ.

אָדוֹן לִיבֶּרְמַן: גַּם אַתָּה צוֹדֵק, יוֹאֵל.
יְלָדִים, אֲנִי חוֹשֵׁב שֶׁאַתֶּם יְלָדִים חֲכָמִים.

גְּבֶרֶת לִיבֶּרְמַן: אַבָּא, אֲנִי חוֹשֶׁבֶת שֶׁגַּם אַתָּה צוֹדֵק. הַיְלָדִים שֶׁלָּנוּ
בֶּאֱמֶת חֲכָמִים!

מִלּוֹן Words To Know

בֶּאֱמֶת	really, truly
בָּחַר	he chose
בֵּן	son
בָּנוּ	us
בַּת	daughter
גְּדוֹלָה	big (f.s.)
זֵכֶר	remembrance
חֲכָמִים	smart, wise (m.pl.)
לֵיל	night
לָמַדְנוּ	we learned
מְנוּחָה	rest
מִקְרָאֵי קֹדֶשׁ	holy festivals
צוֹדֵק, צוֹדֶקֶת	(is) right, correct (m.,f.s.)
קְטַנָּה	small (f.s.)
שָׁר	sing(s) (m.s.)

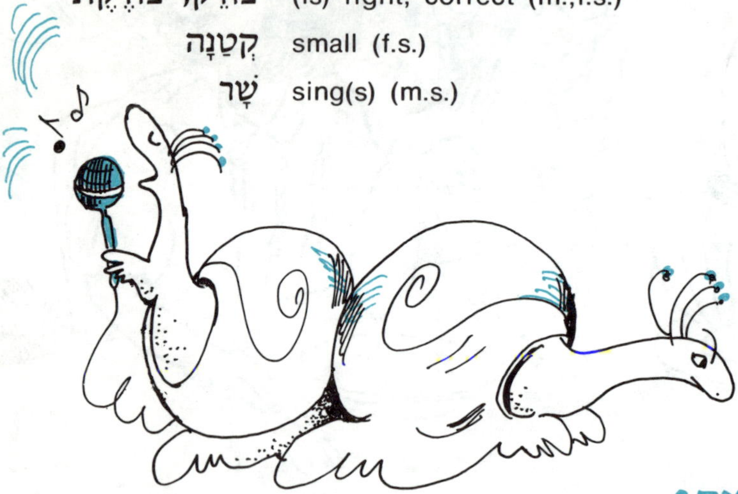

מַה מַּתְאִים? What Fits?

Circle the word in parentheses that best completes the sentence.

1 מִי (בָּא · שָׁר · בָּרָא) אֶת הַקִּדּוּשׁ בְּבֵית שֶׁלְּךָ?

2 ה׳ (עָשָׂה · שָׁבַת · בָּחַר) בְּעַם יִשְׂרָאֵל מִכָּל הָעַמִּים.

3 הַבַּת הַקְּטַנָּה רוֹצָה (לְהַדְלִיק · לָלֶכֶת · לְסַפֵּר) אֶת נֵרוֹת שַׁבָּת.

4 ה׳ נָתַן לָנוּ אֶת הַתּוֹרָה (כַּאֲשֶׁר · בְּאַהֲבָה · לִכְבוֹד).

5 שַׁבָּת (תְּחִלָּה · לֵיל · זֵכֶר) לְמַעֲשֵׂה בְרֵאשִׁית.

6 הַאִם אַתָּה (שׁוֹאֵל · שׁוֹמֵר · שׁוֹתֶה) אֶת יוֹם הַשַּׁבָּת?

There are three sentences next to each picture. Two of the sentences describe the picture and one does not. Place an X next to the one that does not.

( ) הוּא בָּחַר בְּכוֹס גְדוֹלָה.

( ) הוּא רוֹצֶה כּוֹס גְדוֹלָה.

( ) הָאִישׁ לֹא יוֹדֵעַ אֵיפֹה הַכּוֹס.

( ) לֵיל שַׁבָּת.

( ) הַיּוֹם חֲגִיגָה.

( ) יוֹם מְנוּחָה.

( ) הָאִישׁ לֹא זוֹכֵר אֵיפֹה הַנֵּרוֹת.

( ) הָאִישׁ שָׁר לִכְבוֹד מִקְרָאֵי קֹדֶשׁ.

( ) הוּא חוֹשֵׁב שֶׁהַנֵּרוֹת בָּאָרוֹן.

( ) הִיא לֹא צוֹדֶקֶת.

( ) הוּא צוֹדֵק.

( ) הֵם יְלָדִים חֲכָמִים.

כֵּן אוֹ לֹא — True or False

Read each of the following sentences and decide whether it is true or false, according to the story.
Circle the letter in the correct column — כֵּן or לֹא.
Then copy each circled letter in the matching blank space below.
When you finish, you will find the last two words of the קִדּוּשׁ.

לֹא	כֵּן
מ	נ
א	ק
ה	ד
שׁ	ר
ת	ה
שׁ	צ
ל	ב
ךְ	ת

1. אָדוֹן לִיבֶּרְמַן לֹא בַּבַּיִת בְּלֵיל שַׁבָּת.
2. אַבָּא שֶׁל יְהוּדִית שָׁר אֶת הַקִּדּוּשׁ.
3. לָאָדוֹן וּגְבֶרֶת לִיבֶּרְמַן יֵשׁ בֵּן.
4. הַבַּת הַקְּטַנָּה לֹא לוֹמֶדֶת.
5. ה' נָתַן לָנוּ אֶת הַשַּׁבָּת.
6. לָאָדוֹן וּגְבֶרֶת לִיבֶּרְמַן אֵין יְלָדִים.
7. יוֹם הַשַּׁבָּת יוֹם תְּחִלָּה לְמִקְרָאֵי קֹדֶשׁ.
8. יוֹם הַשַּׁבָּת זֵכֶר לִיצִיאַת מִצְרַיִם.

___ ___ ___ ___ ___ ___ ___ ___
 8   7   6   5   4   3   2   1

What do the words mean? _____

מִשְׁפַּחַת-מִלִּים Word-Family

Each line contains four words. Three of the words belong to the same family (root). Cross out the word that does not belong to the family. Follow the example.

1	נוֹתֵן	~~גֵרוֹת~~	נוֹתֶנֶת	נָתַן
2	אוֹכֵל	לֶאֱכֹל	הוֹלֵךְ	אֹכֶל
3	מִצְוָה	רָצָה	צִוָּה	מִצְווֹת
4	מִקְרָאֵי	מְקַדֵּשׁ	קִדּוּשׁ	קִדְּשָׁנוּ
5	עָשָׂה	מַעֲשֵׂה	לַעֲשׂוֹת	לִשְׁתּוֹת
6	זוֹכֶרֶת	זֵכֶר	רָצוֹן	זִכָּרוֹן
7	בָּרוּךְ	בָּרָא	בְּרוּכִים	בְּרָכָה
8	לֶחֶם	חַי	הֶחֱיָנוּ	לְחַיִּים
9	אוֹמֵר	שׁוֹמֵר	אוֹמֶרֶת	אָמַר
10	יוֹשֶׁבֶת	יוֹשְׁבִים	יוֹשֵׁב	חוֹשֵׁב

קִדּוּשׁ Kiddush

Read each Hebrew phrase of the קִדּוּשׁ.
Now, match each phrase with its translation, by writing its number in the blank space.

1 בָּרוּךְ אַתָּה ה׳ אֱלֹהֵינוּ מֶלֶךְ הָעוֹלָם,
2 אֲשֶׁר קִדְּשָׁנוּ בְּמִצְוֹתָיו וְרָצָה בָנוּ
3 וְשַׁבַּת קָדְשׁוֹ בְּאַהֲבָה וּבְרָצוֹן הִנְחִילָנוּ,
4 זִכָּרוֹן לְמַעֲשֵׂה בְרֵאשִׁית.
5 כִּי הוּא יוֹם תְּחִלָּה לְמִקְרָאֵי קֹדֶשׁ,
6 זֵכֶר לִיצִיאַת מִצְרָיִם.
7 כִּי בָנוּ בָחַרְתָּ, וְאוֹתָנוּ קִדַּשְׁתָּ מִכָּל הָעַמִּים,
8 וְשַׁבַּת קָדְשְׁךָ בְּאַהֲבָה וּבְרָצוֹן הִנְחַלְתָּנוּ.
9 בָּרוּךְ אַתָּה ה׳ מְקַדֵּשׁ הַשַּׁבָּת.

_8_ You gave us Your holy Shabbat with love and willingly

__ a remembrance of the work of creation

__ who made us holy by His commandments and wanted us

__ because it is the first day (in importance) of the holy festivals

__ praised are You, God, who makes the Shabbat holy

__ praised are You, Lord our God, King of the world

__ He gave us the holy Shabbat with love and willingly

__ because You chose us from all nations and made us holy

__ a remembrance of the Exodus from Egypt

1 Of which two events does Shabbat remind us?

זִ ________ לְ ________ בְּ ________

זֵ ________ לִ ________ מִ ________

2 Write the sentence that says that Shabbat is the first (in importance) of all the holy festivals.

י ________ תְּ ________ לְ ________ קֹ ________

3 Write the two sentences that contain the words "with love and willingly."

וְ ________ קָ ________ בְּ ________ וּ ________ הִ ________

וְ ________ קָ ________ בְּ ________ וּ ________ הִ ________

4 Write all the words that belong to the word-family ק ד שׁ.

line	word	line	word

5 List the lines that contain the word Shabbat and write the word as it is written on the line.

line	word

Attached Words

Complete each phrase or sentence by attaching one or more of these particles to one of the words.

וְ וּ בְּ בַּ הַ לְ לַ שֶׁ מִ

The English on the left will help you decide which particle to choose. Follow the example.

the	1	אֱלֹהֵינוּ מֶלֶךְ הָ_עוֹלָם
by, with	2	אֲשֶׁר קִדְּשָׁנוּ __מִצְוֹתָיו
the	3	בּוֹרֵא פְּרִי __גָּפֶן
and	4	__צִוָּנוּ לְהַדְלִיק נֵר שֶׁל שַׁבָּת
in	5	לַעֲסֹק __דִבְרֵי תוֹרָה
who	6	__הֶחֱיָנוּ וְקִיְּמָנוּ
from	7	אוֹתָנוּ קִדַּשְׁתָּ __כָּל הָעַמִּים
to the	8	הַבֵּן הוֹלֵךְ __שֻׁלְחָן.
and the	9	הַיַּיִן __חַלּוֹת עַל הַשֻּׁלְחָן.
in the	10	הַנֵּרוֹת __אָרוֹן.
to (for)	11	הַפְּרָחִים __שַׁבָּת.
that	12	הוּא אָמַר __הַדּוֹד צוֹדֵק.
from	13	סַבָּא בָּא __מִשְׁפָּחָה גְדוֹלָה.

Greetings

Follow the clue on each line and write a letter in the blank square. You will discover a greeting.

ש	אֲנִי בְּ שָׁמַיִם וְגַם בְּ שׁוֹאֵל
☐	אֲנִי בְּ בּוֹרֵא אֲבָל לֹא בְּ קוֹרֵא
☐	אֲנִי בְּ שַׁבָּת וְגַם בְּ מָתַי
☐	אֲנִי בְּ כַּאֲשֶׁר וְגַם בְּ שֶׁלוֹ
☐	אֲנִי בְּ עַל אֲבָל לֹא בְּ עֵץ
☐	אֲנִי בְּ יוֹשֵׁב וְגַם בְּ אוֹמֵר
☐	אֲנִי בְּ עוֹלָם וְגַם בְּ אַתֶּם

When do we use this greeting? _____

Follow the clue on each line and write a letter in each square. You will discover another greeting.

☐	אֲנִי לִפְנֵי "ט"
☐	אֲנִי לִפְנֵי "ד"
☐	אֲנִי אַחֲרֵי "ר"
☐	אֲנִי לִפְנֵי "נ"
☐	אֲנִי אַחֲרֵי "ז"

When do we use this greeting? _____

123

חַפֵּשׂ אֶת הַמִּלָּה Hunt the Word

These phrases are from the Siddur. Circle the Hebrew word that means the same as the English.

prayers	1	כִּי אֵל שׁוֹמֵעַ תְּפִלּוֹת אַתָּה
commanded	2	תּוֹרָה צִוָּה לָנוּ מֹשֶׁה
king	3	מֶלֶךְ עַל כָּל הָאָרֶץ
sky	4	עֹשֶׂה שָׁמַיִם וָאָרֶץ
gives	5	אֲשֶׁר ה׳ נוֹתֵן לָכֶם
house (of)	6	בֵּית יִשְׂרָאֵל בָּרְכוּ אֶת ה׳
rested	7	וּבַיּוֹם הַשְּׁבִיעִי שָׁבַת
days	8	בַּיָּמִים הָהֵם בַּזְּמַן הַזֶּה
loves	9	בָּרוּךְ אַתָּה ה׳ אוֹהֵב עַמּוֹ יִשְׂרָאֵל
one	10	ה׳ אֱלֹהֵינוּ ה׳ אֶחָד

Add **אֶת**, *where needed, to the following sentences.*

1 ה׳ בָּרָא _אֵת_ הָאָרֶץ.

2 רָחֵל אוֹכֶלֶת ______ תַּפּוּחַ.

3 לֵאָה רוֹצָה לַעֲשׂוֹת ______ מִצְוָה.

4 מִי עָשָׂה ______ הַמְּלָאכָה?

5 הַמּוֹרָה שׁוֹאֶלֶת ______ הַתַּלְמִיד: ״מַה זֹּאת?״

6 אִמָּא מוֹצִיאָה ______ עוּגָה מִן הָאָרוֹן.

7 הַמּוֹרֶה נָתַן ______ הַסֵּפֶר לַתַּלְמִידָה.

8 הוּא לֹא רוֹצֶה ______ עִפָּרוֹן חָדָשׁ.

מַה לֹּא מַתְאִים? *What Doesn't Fit?*

Find the verb that best completes each sentence. Cross out the misfit. Follow the example.

1 הַמִּשְׁפָּחָה (~~אוֹכֵל~~ · אוֹכֶלֶת) עַל־יַד הַשֻּׁלְחָן.

2 הַבַּת (אוֹמֵר · אוֹמֶרֶת) שֶׁהַדּוֹדָה בַּחֶדֶר.

3 אַבָּא (חוֹשֵׁב · חוֹשֶׁבֶת) שֶׁהֵם יְלָדִים חֲכָמִים.

4 הַיְלָדִים (לוֹמֶדֶת · לוֹמְדִים) אֶת הַבְּרָכוֹת.

5 הַמּוֹרֶה (הוֹלֵךְ · הוֹלֶכֶת) לַחֶדֶר.

6 הַבֵּן (שׁוֹאֵל · שׁוֹאֶלֶת): "אֵיפֹה הַפְּרָחִים?"

7 אֲנַחְנוּ (רוֹצֶה · רוֹצִים) שָׁלוֹם וּמְנוּחָה.

8 לָמָה אַתְּ לֹא (זוֹכֵר · זוֹכֶרֶת)?

9 הַמּוֹרֶה אָמַר: "דָּוִד, אַתָּה (צוֹדֵק · צוֹדֶקֶת)."

10 עַל הַשֻּׁלְחָן יֵשׁ עוּגָה (גָּדוֹל · גְּדוֹלָה).

כְּתֹב בְּעִבְרִית *Write In Hebrew*

1 She really likes wine.
2 God gave us the Shabbat.
3 He sings prayers from the prayerbook.
4 The daughter (is) big but the son (is) small.
5 I want a day (of) rest.

רְשִׁימַת מִלִּים Word List

Abbreviations: *m.* = masculine *f.* = feminine *s.* = singular *pl.* = plural

א

אַבָּא	father
אֲבָל	but
אָדוֹן	Mr., gentleman
אֲדָמָה	ground, earth
אַהֲבָה	love
אוֹ	or
אוֹהֵב, אוֹהֶבֶת	like(s), love(s)
אוֹכֵל, אוֹכֶלֶת, אוֹכְלִים	eat(s)
אוֹמֵר, אוֹמֶרֶת, אוֹמְרִים	say(s)
אוֹרְחִים	guests
אוֹתָנוּ	us
אֶחָד	one
אַחֲרֵי	after
אֵין	there isn't
אֵיפֹה	where
אִישׁ	man
אֹכֶל	food
אֶל	to
אֱלֹהֵינוּ	our God
אִם	if
אֵם, אִמָּהוֹת	mother(s)
אִמָּא	mother
אָמֵן	Amen
אָמַר	he said
אַנְגְּלִית	English
אֲנַחְנוּ	we
אֲנִי	I
אֲרוּחָה	meal
אָרוֹן	closet, cabinet
אֶרֶץ	land, earth
אֲשֶׁר	that, which, who
אַתָּה, אַתְּ	you (*m.*, *f.s.*)
אַתֶּם, אַתֶּן	you (*m.*, *f.pl.*)

ב

בְּ...	in, by, with
בָּא, בָּאָה, בָּאִים	come(s)
בֶּאֱמֶת	really, truly
בְּבַקָּשָׁה	please
בּוֹא	come! (*m.s.*)
בּוֹרֵא	creates
בָּחַר	he chose
בָּחַרְתָּ	you (*m.*) chose
בְּלִי	without
בֵּן	son
בָּנוּ	(in) us
בֹּקֶר	morning
בָּרָא	created
בָּרוּךְ, בְּרוּכָה, בְּרוּכִים	praised, blessed
בָּרוּךְ הַבָּא	welcome!
בְּרָכָה, בְּרָכוֹת	blessing(s)
בְּרָצוֹן	willingly
בִּשְׁבִיל	for
בַּת	daughter

ג

גְּבֶרֶת	Mrs., lady
גָּדוֹל, גְּדוֹלָה	big
גִּיר	chalk
גַּם	also
גִּנָּה	garden
גֶּפֶן	vine

ד

דָּבָר	thing
דִּבְרֵי	words of
דְּבַשׁ	honey
דּוֹד	uncle
דּוֹדָה	aunt

ה

ה'	God
הַ... הֶ... הָ...	the
הַבַּיְתָה	(going) home
הוּא	he
הוֹלֵךְ, הוֹלֶכֶת, הוֹלְכִי	walk(s)
הִיא	she
הַיּוֹם	today
הֵם, הֵן	they
הִנֵּה	here (is)

ו

וְ... וּ...	and

ז

זֹאת	this *(f.s.)*
זֶה	this *(m.s.)*
זוֹכֵר, זוֹכֶרֶת	remember(s)
זֵכֶר	remembrance
זְמַן	time

ח

חָבֵר, חֲבֵרָה, חֲבֵרִים	friend(s)
חֲגִיגָה, חֲגִיגַת	party, party of
חֶדֶר	room
חָדָשׁ, חֲדָשָׁה	new
חוֹשֵׁב, חוֹשֶׁבֶת	think(s)
חֲכָמִים	smart, wise *(m.pl.)*
חָלָב	milk

ט

טוֹב, טוֹבָה, טוֹבִים	good

י

יְהוּדִי, יְהוּדִים	Jew(s)
יִהְיֶה	will be
יוֹדֵעַ, יוֹדַעַת	know(s)
יוֹם, יָמִים	day(s)
יוֹם הַשְּׁבִיעִי	seventh day
יוֹם שִׁשִּׁי	Friday
יוֹשֵׁב, יוֹשֶׁבֶת, יוֹשְׁבִים	sit(s)
יַחַד	together
יַיִן	wine
יֶלֶד	boy
יַלְדָּה	girl
יְלָדִים	children
יָפֶה, יָפָה	nice, pretty
יְצִיאַת	Exodus, departure
יֵשׁ	there is
יִשְׂרָאֵל	Israel

כ

כַּאֲשֶׁר	when
כּוֹס	cup, glass
כִּי	because
כָּל	every
כֻּלָּנוּ	all of us
כְּמוֹ	like, as
כֵּן	yes
כָּתַב	he wrote
כִּתָּה	classroom

ל

לְ...	to, for
לֹא	no
לֶאֱכֹל	to eat
לְהַדְלִיק	to light, to kindle
לְהַכִּיר	to meet (know)
לוּחַ	chalkboard
לוֹמֵד, לוֹמֶדֶת	learn(s), study(ies)
לֶחֶם	bread
לִי	to me
לֵיל	night of
לְךָ, לָךְ	to you (*m.s., f.s.*)
לִכְבוֹד	in honor of
לִכְתֹּב	to write
לָלֶכֶת	to walk, to go
לִלְמֹד	to study
לָמַדְנוּ	we studied, learned
לָמָּה	why
לִמּוּד	study (*noun*)
לָנוּ	to us
לְסַפֵּר	to tell
לַעֲסֹק בְּ...	to engage in
לַעֲשׂוֹת	to do, to make
לִפְנֵי	before
לִקְרֹא	to read
לִרְאוֹת	to see

מ

מִ... מֵ...	from
מְאֹד	very
מַה, מָה	what
מוֹצִיאָה	take(s) out (*f.s.*)
מוֹרֶה, מוֹרָה	teacher
מַחְבֶּרֶת	notebook
מִי	who
מִינֵי	kinds of
מְלָאכָה	work
מֶלֶךְ	king
מִן	from

מַעֲשֵׂה בְרֵאשִׁית	work of creation
מִצְוָה, מִצְוֹת	mitzvah, mitzvot
מִצְרַיִם	Egypt
מִקְרָאֵי קֹדֶשׁ	holy festivals
מֹשֶׁה רַבֵּנוּ	Moses our teacher
מִשְׁפָּחָה	family
מָתוֹק	sweet
מָתַי	when

נ

נוֹתֵן, נוֹתֶנֶת	give(s)
נָכוֹן	correct
נֵר, נֵרוֹת	candle(s)
נָתַן	he gave

ס

סַבָּא	grandpa
סַבְתָּא	grandma
סִדּוּר	prayerbook
סֵפֶר	book

ע

עִבְרִית	Hebrew
עוּגָה, עוּגוֹת	cake(s)
עוֹד	more, else, still
עוֹלָם	world
עַכְשָׁו	now
עַל	on
עַל־יַד	near, next to
עַם, עַמִּים	nation(s), people(s)
עִפָּרוֹן	pencil
עֵץ, עֵצִים	tree(s)
עֶרֶב, הָעֶרֶב	evening, this evening
עָשָׂה	he did, he made

פ

פֶּרַח, פְּרָחִים	flower(s)
פְּרִי	fruit

צ

צוֹדֵק, צוֹדֶקֶת	(is) right, correct
צִוָּה	he commanded

ק

קִדּוּשׁ	Kiddush
קִדֵּשׁ	he made holy
קָטָן, קְטַנָּה	small

ר

רוּסִי	Russian
רוּסְיָה	Russia
רוֹצֶה, רוֹצָה, רוֹצִים	want(s)

ש

שֶׁ...	that, which, who
שָׁבַת	he rested
שֶׁהֶחֱיָנוּ	who has kept us alive
שׁוֹאֵל, שׁוֹאֶלֶת	ask(s)
שׁוֹתֶה, שׁוֹתָה, שׁוֹתִ	drink(s)
שֶׁל	of
שֶׁלּוֹ	his
שָׁלוֹם	peace, hello, good-bye
שֻׁלְחָן	table
שֶׁלִּי	my, mine
שֶׁלְּךָ, שֶׁלָּךְ	your(s) (*m.s., f.s.*)
שֶׁלָּנוּ	our, ours
שֵׁם	name
שָׂמֵחַ, שְׂמֵחִים	happy
שָׁמַיִם	sky
שָׁר	sing(s) (*m.s.*)
שִׁשָּׁה	six

ת

תּוֹדָה	thanks
תּוֹרָה	Torah
תְּחִלָּה	first
תַּלְמִיד, תַּלְמִידָה	student
תַּלְמִידִים, תַּלְמִידוֹ	students
תְּמוּנוֹת	pictures
תַּפּוּחַ	apple
תְּפִלּוֹת	prayers